マクロビオティックで楽しむ野菜フレンチ
Les recettes de cuisine macrobiotique à la française

柿木太郎 & 柿木友美
Taro Kakinoki et Yumi Kakinoki

学陽書房

推薦のことば

COMMENT TO MR. KAKINOKI'S COOKBOOK

Mr. Kakinoki is a very talented chef that incorporates his professional experience and skills into macrobiotic cuisine.
Over the years he has been committed towards fusing his interest and passion for cooking with his dream of contributing towards realizing better health and planetary well-being.
The result is reflected in this cookbook containing a collection of original recipes made with wholesome, natural ingredients without compromising in taste or presentation, which I heartily recommend.

　柿木さんは、プロフェッショナルな経験と技術を、マクロビオティック料理に取り入れている非常に才能あるシェフです。
　何年もの間、彼は人々の健康と地球環境に貢献するという夢をもちながら、情熱をもって料理することに心を砕いています。
　その結果がこの本に現れています。健康によい、自然な素材を使いながら、味やプレゼンテーションにも妥協せずにつくられたオリジナルレシピにあふれたこの本を、心からおすすめします。

Patricio G=de Paredes

KIJ エデュケーション ディレクター
パトリシオ・ガルシア・デ・パレデス

Prologue

　子どものころから、料理に対する関心が強く、物心がつくころには、いつも一人でキッチンに立ち、なにかを作っていました。そして、18歳のときに大阪の調理師学校を経て、私は料理人としてスタートしました。日本、フランスと、世界でも一流といわれる高級店で働くことがかない、料理の奥深さや繊細さを肌で感じることができました。この経験は、なにものにも変えることのできない、私の生涯の宝です。

　ちょうど順調な仕事と立場を確立したころ、もともと私自身にあったアレルギーと持病が、とても深刻な状態となりました。これは、のちにマクロビオティックを学んでわかったことですが、動物性食品、白い砂糖、乳製品の過剰摂取によって汗腺が詰まり、40度近くある調理場でも汗が一滴も出なくなるという異常事態に陥って、体が悲鳴をあげていたのです。また、このころの私の体重は90キロ近くもあり、いつも体に不調をかかえて、イライラしていました。そしてついには、1シーズンの間に体温が40度以上に発熱することが4～5回も起き、結局、倒れて緊急入院となってしまいました。

　そのとき、母がくれた一冊の本が、久司道夫先生との出会いでした。病院のベッドの上で暇つぶし程度と思いながら読んでいくうちに、その本に書かれていることにどんどん引き込まれていったことを、いまでも鮮明に覚えています。考えてみれば、あのときが、私の人生の大きな分岐点だったのです。それまでの私は、料理に携わる仕事をしていながらも、食べものと体が密接に関係していることを、なにひとつとして知りませんでした。常識だと思っていた現実が、いきなり雷にうたれたようにすべて覆されてしまったのです。そして、退院ののち、それまでの仕事、キャリアをすべて捨て、本を片手にマクロビオティック生活をスタートさせました。

　仕事によるストレスから開放されたこともありますが、毎日の食事から動物性食品、砂糖、乳製品を取り除いてしまうと、心と体は驚くほど軽くなり、なにげない日常のことにも感謝、感動できる自分がいました。持病のアレルギー、花粉症も、気がつけばいつの間にか、勝手に治っていたのです（それまでの私は、ステロイド系の点鼻薬を1日に7～8回も使っていました）。また、腎臓の結石が治まり、体重は1年もたたないうちに25キロも軽くなって、90キロ近くあった当時の私しか知らない人は、街で会っても気づかないほど。まさに、マクロビオティックの食事によって、よいこと尽くめの結果でした。

　その後、KIJ（クシ インスティテュート オブ ジャパン）とのご縁をいただき、シェフを対象にしたトレーニングに参加させていただいた翌月には、スタッフとしてKIJのキッチンで働いていました。折にふれては、エデュケーションディレクターのパトリシオさんと、当時はマクロビオティックの本といえばほとんどが基本をベースにしたものばかりでしたので、もっといままでにない、

マクロビオティックを知らない多くの人たちが興味をもってくれるような魅力的なメニュー、欧米食から無理なく移行できる新しいマクロビオティックのメニューが載った本を出版できないかと話していたものです。そして、ちょうどそのころ、久司先生、パトリシオさんから、スペインのホテル「SHA WELLNESS CLINIC（久司先生のプロデュースによる、マクロビオティックの理念に基づいた世界初のマクロビオティックホテル）」の総料理長のお話をいただきました。このホテルでは、パトリシオさんと話していた「新しいマクロビオティック」の挑戦ができると確信し、スペインへの出発を決心。私の中で進むべき新しいテーマが見えてきました。スペインでは、世界各国（約15ヵ国）のマクロビオティック実践者のスタッフが集まり、ヨーロッパのマクロビオティック事情を知ることも合わせて、たいへん貴重な経験ができました。

このスペインでの経験と、私がいままでに得たすべての技術を活かし、パトリシオさんと話していた新しいマクロビオティックの本のイメージとして描いていたものが、ようやくかたちとなったのが本書です。この本では、昔からの伝統的な食材、体に負担をかけない食材を使用し、私のこれまでのすべての経験をもとに、マクロビオティックの理念はそのままにして、フランス料理のエスプリを感じられる新しいマクロビオティックの料理集を目指しました。いままでの多くのマクロビオティック関連のレシピ集は、和風にしろ、洋風にしろ、メニューは玄米のおかずのように紹介されてきていましたし、洋風なものに関しては穀物がまったくないなどと、マクロビオティックではなく単なるオーガニックの野菜料理のようなものがたくさん存在していました。マクロビオティックの考え方である、食事の中心に全粒穀物を据えるということが、とくに洋風な料理では無視されている傾向があります。

本書では、フレンチのコースのように一皿一皿を仕立て、ほぼすべての皿に穀物を合わせて、マクロビオティックの原理原則を守りながら料理レシピを仕上げてあります。そして、本書のメニューの組み合わせを変えるだけで、幾通りものコースを作ることができますし、また、同時に穀物が不足することがないように気をつけました。厳格なマクロビオティック実践者の方には、少々ゆるい感じのメニューであるため、そういった方には、ぜひ、パーティーのメニューや晴れの日の少し手の込んだ献立にお役立ていただければ幸いです。

そして、一般のプロの料理人の方々にも、本書をぜひともご活用いただければと思います。動物性食品を一切使わずに、オシャレでおいしいガストロノミーの料理にも負けない料理を、植物性の食材だけでも作れるということを、強くお伝えしたいのです。

Sommaire　もくじ

4　Prologue

8　なぜマクロビオティックなのか……
10　料理をはじめる前に……
12　本書のレシピについて

Chapitre 1　Amuse-bouches　一口サイズのおつまみ
16　ひよこ豆のペースト　ソフトクリーム仕立て　アーモンドの砂糖がけを添えて
18　トルティージャ
20　玄米餅のベニエ　凍み豆腐と人参のソース
22　豆腐チーズとソッカ　サレヤ市場の思い出

Chapitre 2　Hors-d'œuvre　前菜
26　クスクスの春巻き　現代アート風に　海藻のタプナードと玉ねぎのヴィネグレットを添えて
28　椎茸とキヌアのガレット　レンズ豆の煮込みとともに
30　カボチャのババロア　季節の野菜とハト麦の菜園仕立て　梅のヴィネグレット和え
32　カブのファルシー　バルサミコ風味のもろみをのせたグラチネ
34　アーモンドの豊かな風味を活かした磯辺揚げ　金時草と野菜のジュリエンヌ

Chapitre 3　Potages　スープ
38　キャラメリゼした玉ねぎのスープ　メープルシロップ風味
40　シャンピニヨンのクリームスープ　実りの秋の香り
42　もちキビを詰めた椎茸の味噌焼き　海藻のクリアースープ
44　人参の冷たいクリームスープ　玉ねぎのコンポート　梅酢の酸味をアクセントに添えて
46　豆乳味噌スープ　濃厚な豆乳を使って
48　オニオングラタンスープ　パリの生活を思い出して
50　蓮根クネルと葛きりのスープ
52　蕎麦の実入り甘い野菜のスープ

Chapitre 4　Plats principaux　主菜

56　緑米と野菜たっぷりのドリア　オートミールのホワイトソース
58　セイタンシチュー
60　ベジタブルパイ
62　平湯葉で巻いたキヌアのカネロニ　ねぎ味噌とトマトのジェノベーゼ
64　豆腐のポアレ　ズッキーニを網代に見立てて
66　車麩の香草パン粉焼きと野菜のエーグルドゥース
68　テンペの春巻き　メープル醤油風味
70　ひよこ豆のコロッケ　いろいろな表現で
72　テンペの瞬間スモークと挽き割り小麦　ハーブマスタード風味

Chapitre 5　Salades　サラダ

76　テンペのマサラ焼き　オリエンタルな香りをサラダに仕立てて
78　ベビーリーフのサラダ　塩昆布のアクセント　ポレンタと山芋の梅風味
80　季節の野菜を活かしたサラダ感覚のテリーヌ　香草マスタードマヨネーズソースを添えて
82　季節野菜のサラダ　バーニャカウダ　SHAスタイル

Chapitre 6　Desserts　デザート

86　アールグレイとキャラメルリンゴのパウンドケーキ
88　グリオットチェリーのタルト　ミント風味のそぼろをアクセントに
90　ピーナッツムースとぶどうのコンポート　アーモンドの薄焼きクッキーとともにグラスに盛りつけて
92　イチジクのコンポートに白ごま豆乳クリームを詰めて　チョコクッキーとともに
94　カボチャとココナッツミルクのスープ　キャラメルコーンと豆腐白玉を浮かべて

98　Épilogue

なぜマクロビオティックなのか……

　現在、日本の総人口は世界の約2％ほどですが、世界の穀物市場の約10％も輸入しています。そのうちトウモロコシにいたっては、全世界の20％を日本が買い占めているといわれていますが、これは、日本人が1年間に消費する米の約1.5倍の量に相当します。そして、なんとこの輸入トウモロコシは、そのほとんどが家畜の餌として消費されているのです（牛を1頭育てるのに、成牛の体重の7〜10倍の餌が必要であるといわれています）。現在、世界では13億もの人々が食料難に苦しみ、そのうち8億4000万人が栄養失調で、年間900万人が餓死しているといわれています。世界の大人の4人に1人が栄養不足であるのに、それとは対照的に先進国の人々は5人に1人が太りすぎ。世界の約10億人が太りすぎていて、さらに臨床的には約30％の人が肥満であるといわれているのです。また、驚くべきことは、先進国の中で一番食糧自給率の低い日本が、1人当たり年間約170〜190kgにもなる残飯を排出しているという実態。この数字は、先進国の中でも群を抜いていることが指摘されています。

　こういったデータからもおわかりいただけるように、先進国が動物性食品の摂取量を減らすことによって世界の貧困層に穀物が行きわたれば、世界は貧困や餓死する人がいなくなるといわれています。だからといって、なにも動物性食品を使った料理に反対をするのではないのですが、自己責任において、この事実を知っているのと知らないのとでは、今後、食べものを食べるときに、そして、料理をするときの心構えに大きな違いがあるのではないでしょうか。このような現実があること、食と地球環境が密接にかかわっていることを、ぜひ多くの方々に、とくにレストラン

やホテルのプロの料理人の方々には知っていただきたいのです。

　動物性食品中心の食事は、環境問題のほかにさまざまな病気の原因に関してもよい影響を与えません。大量の食料を輸入し、残飯を大量に排出するということは、エネルギーの無駄づかいになりますし、それだけ環境を汚してしまうことにつながっていきます。また、日本人にとって食の欧米化が進むにつれ、昔では考えられないような重い病気が増えているのも事実です。なるべく国産のものを選別して料理をしていけば、少しずつ環境はよくなりますし、植物性のものを多くとり、また精白していない穀物を食事の中心にしていくだけで、体は劇的に変化します。なによりもその事実を、プロの方、食に携わる方々にお伝えしたいのです。

　私たちが伝統的な食事をし、環境と体に無理のない、質のよい食事を選択していけば、自分一人だけでなく、地球と自分以外の人のためにもなりますし、逆に、無茶苦茶な食べ方をして、質の悪い食事を続けていけば、自分も地球も自分以外の人も苦しめることになるでしょう。私たち一人ひとりの食べ方と生き方が積み重なって、多くの問題が生まれてきている現実にもっと気づくべきです。小さな個人の力は、世界、宇宙の秩序につながっています。

　本書はマクロビオティックの入門書ではありませんが、世界の平和のために、そして、一人でも多くの方々に、今の生き方を考えるうえでキーポイントとなるマクロビオティックや自然食に興味をもっていただけるようなきっかけとなれることを願っています。

○参考文献
船瀬俊介『早く肉をやめないか？──狂牛病と台所革命』三五館、2001年
川島四郎『まちがい栄養学』（新潮文庫）新潮社、1988年

料理をはじめる前に……

基本の食材について

　マクロビオティックの原則的な考え方に、「身土不二」というものがあります。生まれ育った環境でとれる作物が体を育てるのにふさわしい、ということです。その土地で収穫された作物には、その土地の情報が宇宙から降りそそぎ、そして、それがエネルギーとなって、旬の作物にたくさん蓄えられているのです。一方で、ビニールハウスなどで栽培された野菜などは、そのエネルギーが遮断されてしまうため、作物自体のエネルギーも低くなってしまいます。野菜は、できるだけ住んでいる場所に近いところで、自然な環境で露地栽培された作物を選ぶようにしましょう。乾物も天日にあてたり、風にさらすなど、自然の力によって栄養成分が凝縮されたものを。そして、調味料も伝統的な製法で作られたものを選びましょう。たとえば、木の樽で長期熟成された味噌、醤油、また、海水を薪の火で煮詰めた自然海塩などです。

　実際、有機認定された食材は安全ではありますが、多くの人にとってまだまだ手に入りにくいというのが現状です。価格的な問題や生産量が少ないなどの問題もありますが、まずは、むずかしく考えずに、主となる調味料や、野菜であればマクロビオティックでよく使う玉ねぎ、人参、カボチャなどは有機栽培されたものを選び、彩りに添える野菜などはその土地でとれた新鮮なものでまかなうなどして工夫し、無理なく料理してください。また、有機認定されていなくても、じつは有機認定よりも厳しい基準で作物をつくっている方々もたくさんいます。暇をみつけて産地まで出かけ、自分の目で確かめて、信頼のおける農家さんから直接食材を調達してみるのもおすすめです。意外と自分の住んでいる近くに、そういった農家さんがひとつやふたつはあるものです。自分で交渉して直接仕入れることができれば、有機栽培されたものや、それに準じた作物が、たとえば市場の半値以下で……など、驚くほど安く購入することができますし、流通による無駄なエネルギーも使わずにすみます。

基本の調理法について

　旬の食材を丸ごと食べる「一物全体」が、マクロビオティック料理の基本です。つまり、原則として野菜の皮をむいたり、根や芯を切り落としたりしません（玉ねぎの皮やカボチャの種などは例外です。また、レシピ上、必要な場合は皮をむくなどすることもあります）。野菜の皮や芯、根まで食べるのは、生命力を丸ごとすべていただくという意味があります。また、そのほかに、たとえば、野菜の皮は人間の皮膚と関係していて、最近、アトピー性皮膚炎に悩む人が多いのは、野菜の皮を食べなくなったことも大きな原因のひとつといわれていることもあり、丸ごと食べることでその改善への効果が期待できます。生命を維持するために、自然界の動植物は体全体でバランスをとっています。自然界のもので、なにひとつとして不必要なものはないのです。実際、丸ごと食べることでゴミも出ないため、地球環境にも配慮した、理にかなった調理法、食べ方であるといえます。そして、一物全体が基本となるからこそ、野菜などはできるかぎり有機栽培されたもの、あるいは信頼のおける農家さんなどで購入することをおすすめします。

クシマクロビオティックにおける食事法──ガイドラインと摂取量について

　マクロビオティックという言葉は、ギリシャ語のマクロビオスに由来します。マクロは「大きい、長い」、ビオスは「生命」を意味します。ヒポクラテスをはじめとする古代ギリシャの哲学者による造語で、「偉大な生命、大いなる命、長寿」を表す言葉として使われてきました。

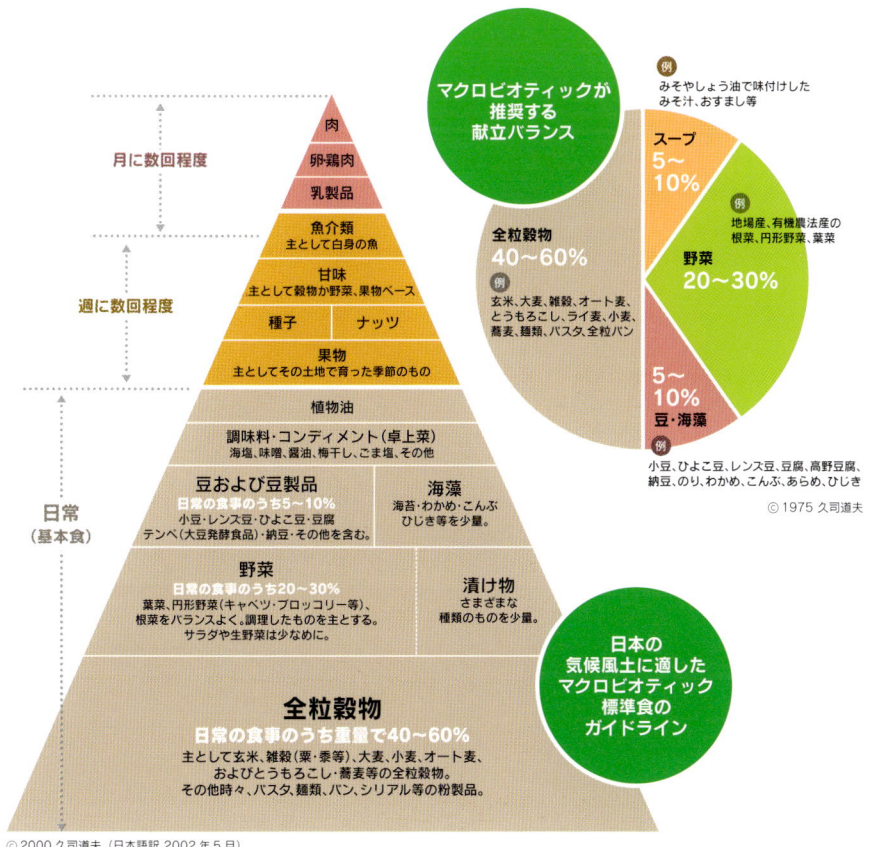

© 2000 久司道夫（日本語訳 2002 年 5 月）

　上のふたつの図は、クシマクロビオティックが推奨する食材のバランスのピラミッドと、標準的な食事摂取量の割合の目安の円グラフです。マクロビオティック標準食の食べもののパーセンテージは、一日に消費される食品の全体量に基づいています。したがって、主な食べものが毎回の食事に全部含まれていなければならない、というわけではありません。あくまでも、一日のうちに摂取する割合、比率です。ただし、主食である全粒穀物は、毎食摂取することを心がけましょう。

　また、この標準食は、融通のきかない厳格なものではありません。住んでいる地域、環境、季節、個人の健康状態、性別、年齢、活動量などによって自由に変えることができます。はじめからストイックにすべてを実行することは、かえって自分を窮屈にさせます。たとえば、まずは週末などの気持ちに余裕のもてるときだけ実践したり、主となる野菜、醤油や味噌などの調味料を変えることからなど、できるだけ無理のないところから始めるとよいでしょう。

　クシマクロビオティックは法則ではありますが、規律や戒律ではありません。かたくなにこうあらねばならない、動物性食品、乳製品、白い砂糖が敵であるとは思わずに、そういったものを食べるときには、それらを中和する食べものと一緒に食べるなどの工夫をしたりして、マクロビオティックに徐々に移行しながら、少しずつこれらの食品の摂取量を減らしていくことをおすすめします。

本書のレシピについて

計量の単位
この本で使用している計量の単位は、
1カップ＝ 200ml、大さじ 1 ＝ 15ml、小さじ 1 ＝ 5ml です。

レシピの材料について
　それぞれお住まいの地域の環境などにより、野菜などは収穫時期にかなりの違いがあることと思います。本書のレシピには、こうあらねばならないという「絶対」はありません。手に入りにくい食材もあると思いますので、みなさんの身近にある旬の食材を使って柔軟に考えていただき、このレシピをベースにして、いろいろとアレンジしてみてください。また、つけ合わせなど、一部レシピには掲載していない材料もありますが、盛りつけについても自由にアレンジしながら、楽しく飾りつけをしてみましょう。どうぞ、気持ちを穏やかにリラックスさせて、マクロビオティックの料理を楽しんでください。

調味料の分量について
　調味料については、正確には私が使用しているものと、お手持ちのものとには、味わいなどに違いがあると思います。レシピの分量は、あくまでもおおよその基本となるものとしてお考えください。とくに塩分を含んでいる調味料（味噌、醤油、自然海塩など）や食材は、そのときどきの体調、季節、お住まいの地域などによって、かなり味の感じ方に影響がでてくるものです。とくに、はじめて作るときには様子をみながら、調味料、食材を加えていきましょう。また、つねに個人の体調に合わせながら味つけすることをおすすめします。

味つけの基本
　ご自身の薄味レベルでのちょうどよい味の加減を心がけましょう。調味料の分量が「適量」や「少々」となっているところは、好みの量の調味料を加えてください。北海道や九州、沖縄など、生活をしている場所にもよりますが、基本的に春夏は薄めの味つけにし、秋冬は春夏よりもやや濃いめの味つけにすると、一年全体を通して、体のバランスをととのえやすくなると思います。

油を使うレシピについて
　油が気になる方は、体調に合わせて分量を加減したり、油を使って炒めたりする調理法を蒸し煮やウォーターソテーに変えるなどして、工夫をして調理してください。

水溶き葛粉および水溶き地粉について
　本文中、水溶き葛粉または水溶き地粉とあるのは、葛粉または地粉を同量の水で溶いたもののことです。

基本の玄米ごはんの炊き方

材料(4人分)

玄米…3カップ
水…720〜900ml(玄米に対して1.2〜1.5倍の水加減)
自然海塩…3つまみ(玄米1カップに対してひとつまみの塩加減)

1 玄米はボウルに入れて、水を加え、やさしくかき混ぜながら洗う。水を替えて2〜3回洗い、よく水をきる。
2 圧力鍋に*1*を入れて、分量の水を加え、6〜12時間浸水させる。
3 *2*を火にかけ、沸騰してきたら塩を加え、フタをして圧力をかける。
4 圧が充分にかかったら、弱火にして、25〜30分炊く。
5 *4*の火を止め、15〜20分蒸らす。

基本の雑穀の炊き方

材料(炊きやすい分量)

雑穀(ヒエ、アワ、キビ、アマランサス、キヌア、押し麦、挽き割り小麦など)
　…100ml(1/2カップ)
水…200ml(1カップ)
自然海塩…ひとつまみ

1 雑穀は水をはったボウルの中に入れて、軽く1〜2回汚れを落とす程度に洗う。
2 鍋に*1*の雑穀、分量の水、塩を入れて、中火にかける。
3 *2*が沸騰したらごく弱火にして、フタをして20〜25分炊き、火を止めて10分蒸らす。
＊ 水加減は雑穀に対して2倍が目安です。雑穀の量が1カップ以上など多めのときは、1.5倍の水加減にします。

基本の椎茸と昆布のだし汁のとり方

材料

干し椎茸…3枚
昆布…7g(かた絞りにした布巾で表面の汚れをふく)
水…1L(5カップ)

1 鍋に分量の水、干し椎茸、昆布を入れて、中火にかける。
2 *1*が煮立つ寸前に昆布を取り出し、沸騰したら、液体の表面が軽く沸く程度に火を弱め、15〜20分煮る。

Chapitre 1

Amuse-bouches　一口サイズのおつまみ

基本的には手でつまんで食べられるものか、
ひと口、ふた口で食べられるものを
用意するといいでしょう。
旬の和洋の香草の香りを活かしたり、
辛み、酸味などをほどよく利かせて、
食欲をかきたてるような味つけを心がけます。

ひよこ豆のペースト ソフトクリーム仕立て
アーモンドの砂糖がけを添えて

中近東の伝統料理、ひよこ豆と白ごまのペーストを混ぜ合わせたフムスを、
遊び心いっぱいにソフトクリームのように仕立てました。
アーモンドの砂糖がけをアクセントに添えて、見た目もかわいい一口サイズのおつまみとして。

材料(10個分)

ひよこ豆のペースト
- ひよこ豆…40g
  (一晩水にひたし、やわらかく炊く)
- 昆布…切手大のもの1枚

- 白ごまペースト…12〜15g
- オリーブ油…8〜10ml(約小さじ1.5〜2)
- 自然海塩…適量

アーモンドの砂糖がけ
- アーモンド…30g(ローストする)
- 甜菜糖…12g(約大さじ1と1/3)
- メープルシロップ…4g(約小さじ1/2)
- 水…10ml(小さじ2)

- 春巻きの皮…5枚
- 菜種油……適量

つけ合わせ
- アサツキ…4g(みじん切りにする)
- 貝割れ大根…8g

作り方

1. ひよこ豆は一晩水にひたし、圧力鍋に昆布とともに入れて、火にかける。圧がかかったら火を弱め、5分火を通す。その後、シンクに鍋を移し、フタの上に水をかけて急冷して、圧を抜く。

2. やわらかく炊いた1のひよこ豆と白ごまペーストはフードプロセッサーにかけ、なめらかなペーストにする。

3. 2に少しずつオリーブ油を入れて、なめらかに仕上げ、塩を加えて味をととのえる。

4. 鍋に甜菜糖、メープルシロップ、分量の水を入れて、沸騰させる。

5. 4の水分がとんでキャラメル状になったら、ローストしたアーモンドを加え、火を止めて混ぜ合わせる【photo - A】。

6. 5が白く結晶してきたら【photo - B】、バットにあけて、冷ます。

7. 春巻きの皮は1枚をタテに2等分ずつカットして、菜種油を内側となる方に塗って、円錐状のコルネ型に巻きつけ【photo - C】、巻き終わりを下にして、180℃のオーブンで5〜6分焼く。筒型からはずして、冷ましておく。

8. 3のひよこ豆のペーストは絞り器に入れて、7でできた春巻きの器にソフトクリームのように絞り入れる。

9. 8にみじん切りにしたアサツキ、貝割れ大根、6のアーモンドの砂糖がけを飾り、器に盛りつける。

photo - A

アーモンドにシロップがからんだら火からおろし、シロップが結晶化してアーモンドが白く粉をふいたような状態になるまで混ぜ続けます。

photo - B

photo - C

円錐状のコルネ型に、内側となる方に薄く菜種油を塗った春巻きの皮を巻きつけます。

トルティージャ

スペインでは、どこのカフェにでもある定番のお袋の味〝トルティージャ〟。
卵のかわりにトウモロコシで甘みを再現し、さらに山芋で卵のふわふわ感を表現しました。
本物のトルティージャのようだと、スペイン人もたいへん気に入ってくれた一品です。

材料(18cmのフライパン1枚分)
トルティージャの生地
A
- 木綿豆腐…200g(水きりをしておく)
- トウモロコシ…80g
  (粒をすりおろしたもの、または缶詰めのペーストのものでもOK)
- おかゆ…25g
- 山芋…25g(皮ごとすりおろす)
- 白味噌…15g(約小さじ2と1/2)
- 葛粉…10g(約大さじ1)
- 自然海塩…ひとつまみ

- 山芋…150g(2cmの厚さの輪切りにする)
- 菜種油…適量

焼き油(菜種油)…適量

つけ合わせ
- アサツキ…適量(みじん切りにする)
- 防風…適量(なければ三つ葉やセリなど)
- オリーブ油…適量
- 醤油…適量

作り方
1. 2cmの厚さの輪切りにした山芋は多めの菜種油で揚げるように炒める。
2. Aの材料をすべてフードプロセッサーに入れて、なめらかなペーストにする。
3. 1の山芋と2のペーストを混ぜ合わせる。
4. フライパンに菜種油を入れてあたため、3の生地を流し込み、両面に焼き色をつける。
5. 4を半分に切り、器に盛りつけて、みじん切りにしたアサツキを散らし、防風を添えて、オリーブ油と醤油を好みでたらし、盛りつける。

奈良伝統野菜のひとつである大和芋。奈良には長芋が渡来する以前から、このヤマノイモが山に自生しており、「東大寺正倉院文書」には当時の高級食品として紹介されています。肉質が緻密で粘度がとても高いのが特徴。冷蔵庫に常備しておくと便利です。

玄米餅のベニエ
凍み豆腐と人参のソース

オーガニックビールを入れることで、ビールの酵母の力が加わって、
ふっくらフワフワなベニエの生地に仕上がります。
凍み豆腐のみじん切りをミンチに見立てたソースとともに
揚げたてのベニエをあたたかいうちにどうぞ。

材料(10個分)

玄米餅…2枚(約40〜50g×2:それぞれ1枚を10等分にカットする)
地粉…適量
揚げ油(菜種油)…適量

ベニエの生地
- 地粉…100g
- ベーキングパウダー…5g(約小さじ1)
- 自然海塩…ひとつまみ
- オーガニックビール…120ml(3/5カップ)

そぼろあん
- 凍み豆腐…15g(水で戻し、みじん切りにする)
- 人参…40g(みじん切りにする)
- 椎茸と昆布のだし汁…150ml(3/4カップ)
- 醤油…10〜20ml(小さじ2〜4)
- 水溶き葛粉…適量
- ごま油…適量
- 万能ねぎ…1本(小口切りにする)

つけ合わせ
- 人参…適量(飾り切りにする)
- ラディッシュ…1個(輪切りにする)
- 季節のハーブ(ディル、セルフィーユなど)…適量

作り方

1. ベニエの生地用の地粉、ベーキングパウダー、塩は合わせてふるいにかけ、ボウルに入れてオーガニックビールを少しずつ加え、泡立て器でダマにならないようになめらかになるまで混ぜ合わせる。

2. 10等分ずつにカットした玄米餅に地粉をつけ、1のベニエの生地をつける。

3. 2を180℃の菜種油で揚げる。

4. 鍋にごま油を入れてあたため、水につけて戻して、みじん切りにした凍み豆腐を入れる。さらに、みじん切りにした人参を入れて、甘みがでるまで炒める。

5. 椎茸と昆布のだし汁を4に加えて、味がでるまで煮込み、仕上げに醤油を加えて、味をととのえる。

6. 水溶き葛粉を5に入れて、とろみをつけ、小口切りにした万能ねぎを加える。

7. 3の玄米餅のベニエと6のそぼろあんを器に盛りつけ、つけ合わせ用として飾り切りにした人参、ラディッシュ、季節のハーブを飾る。

豆腐チーズとソッカ
サレヤ市場の思い出

南フランスに住んでいたころは、休日を利用してニースまでよく遊びに出かけました。
ニースには大きな朝市"サレヤ市場"があり、
買い出しに来たミシュランの星付きレストランのシェフたちをよく見かけたものです。
この市場の名物が"ソッカ"というひよこ豆のクレープ。
ニースを思い出し、大好きだったチーズを豆腐でアレンジして、ピンチョス風に仕立てました。

材料(4人分)

豆腐チーズ
- 木綿豆腐…300g(軽く水きりをしておく)
- 白味噌…50g
- 麦味噌…10g
- 梅酢…15ml(大さじ1)

ソッカ
- ひよこ豆の粉…55g
- 椎茸と昆布のだし汁…100ml(1/2カップ)
- 自然海塩…適量
- 黒こしょう…少々

焼き油(オリーブ油)…適量

つけ合わせ
- 紅たで、たで…各適量
- マイクロトマト…適量
- エディブルフラワー(菊の花など)…適量
- セルフィーユ…適量

作り方

1. 豆腐チーズの木綿豆腐以外の材料をすべて混ぜ合わせる。

2. 軽く水きりをした木綿豆腐をガーゼに包み、混ぜ合わせた*1*をまわりに塗る。一晩そのまま漬け込む。

3. ソッカの材料はすべて合わせて、なめらかになるまで混ぜ合わせる。

4. フライパンに多めのオリーブ油を入れてあたため、*3*のソッカの生地を好みの大きさに流し入れ、両面がカリッとなるまで焼き色をつける。

5. 漬け込んだ*2*の豆腐チーズを好みの大きさに切り、カットした*4*のソッカとともに器に盛りつけ、つけ合わせを彩りよく飾る。

＊ ひよこ豆の粉がない場合は、赤いレンズ豆をミキサーにかけてパウダー状にするといいです。

ひよこ豆を粉にしたもの。日本では、輸入食材店などで「ガルバンゾーの粉」「チャナベッサン」などという名前で売られています。

Chapitre 2

Hors-d'œuvre　前菜

マクロビオティックとしての
コース料理を提供するには、
穀物の不足に気をつけることが大切です。
オードブルには、穀物を使って
サラダ仕立てにしたり、
野菜に雑穀を詰めたりしながら、
ドライフルーツのやさしい甘みや
ナッツの食感をうまく活かして
一皿を軽く仕上げるのがポイントです。

クスクスの春巻き 現代アート風に
海藻のタプナードと玉ねぎのヴィネグレットを添えて

世界中のどの国にでもある春巻きを、自己流に現代アート感覚で表現してみました。
また、つけ合わせのタプナードは南フランスの名物ですが、ヒジキを加えて仕上げます。
海外のマクロビオティックではなかなか受け入れてもらえない海藻ですが、
その中でもヒジキはとくに敬遠されがちでした。
スペインで、どうにか食べてもらえるようにと考えて作り出した、苦心の一品です。

材料(4人分)

春巻きの皮…4枚
オリーブ油…適量

クスクスのサラダ
　(できあがりの量=250〜260g)
　｜全粒クスクス…70ml
　｜湯(沸騰したもの)…70ml
　｜オリーブ油…5ml(小さじ1)
　｜自然海塩…ひとつまみ

　｜玉ねぎ…15g(5㎜角に切る)
　｜人参…15g(5㎜角に切る)
　｜インゲン…15g(5㎜幅に切る)
　｜トウモロコシ(粒)…15g
　　(缶詰めまたは冷凍のものなどでもOK)
　｜カボチャ…15g(5㎜角に切る)
　｜アサツキ…6g(小口切りにする)
　｜ヒマワリの種…6g(ローストする)
　｜梅酢…適量
　｜醤油…適量

玉ねぎのヴィネグレット
　｜玉ねぎ…80g(適当な大きさに切る)
　｜粒マスタード…20g
　｜米酢…90ml
　｜菜種油…200ml(1カップ)

海藻のタプナード
　｜乾燥ヒジキ…8g
　　(水につけて戻し、1〜2分ゆでる)
　｜プルーン(ドライ)…40g(水で戻す)
　｜黒イチジク(ドライ)…20g(水で戻す)
　｜レーズン(ドライ)…20g(水で戻す)
　｜黒オリーブ…40g
　｜ケーパー…15g

つけ合わせ
　｜山芋…250g(皮をむいて適当な大きさに
　　　切り、蒸し器で蒸す)
　｜椎茸と昆布のだし汁…30〜50ml
　｜ごま油…5ml(小さじ1)

　｜季節の野菜3〜4種類(写真のものは姫人参、
　　スナップエンドウ、マイクロトマト、ミニターサイ、
　　ベビーコーン)…80g
　｜ベビーリーフ…適量
　｜アサツキ…適量(みじん切りにする)
　｜セルフィーユ…適量

photo - A

作り方

1. 春巻きの皮は1枚をタテに2等分ずつカットして、内側に軽くオリーブ油を塗る。筒型に巻きつけて[*photo - A*]、180℃のオーブンでカリッとなるまで焼く(目安は約5〜6分)。筒型からはずして、冷ましておく。

2. クスクスのサラダの野菜類は下ごしらえをし、アサツキ以外はすべて好みの固さにゆでる。

3. 2の玉ねぎは、ゆでたあとに梅酢と水少々(分量外)でマリネする。

4. 全粒クスクスは鍋などに入れて、同量の沸騰した湯、オリーブ油、塩を加える。ラップをかけて、しばらくあたたかいところに置いておき、火を通す(目安は約5〜6分)。

5 *4*のクスクス、*2*の野菜、*3*の玉ねぎ、ローストしたヒマワリの種を混ぜ合わせ、梅酢と醤油を加えて好みの味に仕上げる。このとき、醤油を入れすぎて、茶色くしてしまわないよう注意する。

6 玉ねぎのヴィネグレットの菜種油以外の材料をミキサーにかける。なめらかなピューレになったところで菜種油を少しずつ加えてはミキサーをかけ、さらになめらかに乳化させる。

7 海藻のタプナードの材料はすべて混ぜ合わせ、ナイフで細かくなるまで刻む。

8 つけ合わせの山芋は、皮をむいて適当な大きさに切り、蒸してなめらかに裏漉しし、鍋に入れて、椎茸と昆布のだし汁、ごま油でのばし、滑らかなピューレを作る。

9 *1*の春巻きの筒に*5*のクスクスのサラダを詰め、器に*8*の山芋のピューレを敷いて春巻きを置き、*7*の海藻のタプナードと*6*の玉ねぎのヴィネグレットを添えて、つけ合わせの野菜などを彩りよく飾る。

椎茸とキヌアのガレット
レンズ豆の煮込みとともに

完全食品に近いとして、近年、NASAが注目している穀物のひとつに"キヌア"があります。
日本人に不足しがちなカルシウムや鉄分も、豊富に含まれています。
レンズ豆の煮込みと合わせてガレットに。

材料(4人分)

生椎茸…40g×4枚
椎茸と昆布のだし汁…適量
醤油…適量

椎茸のデュクセル
　(できあがりの量=120〜130g)
　椎茸(だし汁をとり終わったもの)…80g
　　(みじん切りにする)
　玉ねぎ…80g(みじん切りにする)
　麦味噌…8g(約大さじ1/2)
　白味噌…5g(約小さじ1)
　梅酢…5ml(小さじ1)
　ごま油…5ml(小さじ1)

　｜キヌア…80ml
　｜水…160ml(4/5カップ)
　｜自然海塩…ひとつまみ

レンズ豆の煮込み
　｜レンズ豆…60g(水にひたして戻しておく)
　｜玉ねぎ…24g(3mm角に切る)
　｜人参…24g(3mm角に切る)
　｜セロリ…24g(3mm角に切る)
　｜ニンニク…適量
　｜　(みじん切りにして、好みで加える)
　｜昆布…4g(3mm角に切る)
　｜カレー粉…適量
　｜パプリカパウダー…適量
　｜オリーブ油…15ml(大さじ1)
　｜椎茸と昆布のだし汁…250ml
　｜　(1と1/4カップ)
　｜醤油…適量(好みで)
　｜水溶き葛粉…適量

つけ合わせ
　｜ラディッシュ(大)…6個(薄い輪切りにする)
　｜菊の花…2個(ゆでておく)
　｜穂ジソ…4本
　｜大根…適量(飾り切りにする)

作り方

1　生椎茸は鍋に入れて、椎茸と昆布のだし汁、醤油を加えて火を通し、バットにはさんで重石をして、たいらにする。

2　1の椎茸は薄切りにして、直径10cmのセルクルにきれいに並べる[*photo - A*]。

3　キヌアは分量の水加減で塩を加えて炊く(炊き方P13)。

4　鍋にごま油をあたため、それぞれみじん切りにした玉ねぎ、椎茸を炒める。

5　4に甘みがでてきたら、麦味噌、白味噌、梅酢を入れて、混ぜ合わせる。さらに、3の炊いたキヌアを入れて、混ぜ合わせる。

6　レンズ豆の煮込みを作る。鍋にオリーブ油を入れあたため、好みでみじん切りにしたニンニクを加えて炒め、さらに、それぞれ3mm角に切った玉ねぎ、人参、セロリを入れて炒める。

7　6に甘みが充分にでてきたら、水にひたして戻しておいたレンズ豆を加え、カレー粉、パプリカパウダーを入れて、炒める。

8　7に椎茸と昆布のだし汁250ml、昆布を入れて、レンズ豆がやわらかくなるまで煮込む。仕上げに好みで醤油を加え、味をととのえる。

9　8に水溶き葛粉を加えて、とろみをつける。

10　2のセルクルに、9のレンズ豆の煮込み、5の椎茸のデュクセルの順番で重ねていく。

11　10を器に盛りつけ、薄く輪切りにしてから下側になる部分を少しカットしたラディッシュを側面に貼りつけ、ゆでた菊の花、穂ジソに飾り切りにした大根を巻きつけたものを飾る。

盛りつけるときにセルクルをひっくり返すので、そのことを考慮しながら、セルクルの下面の椎茸の黒い部分がきれいに見えるように並べていきます。

photo - A

カボチャのバヴァロア 季節の野菜とハト麦の菜園仕立て 梅のヴィネグレット和え

バヴァロア？ お菓子？ と思われる方もいるかもしれませんが、立派なオードブルの一皿です。
バヴァロアはフランス古典菓子のひとつですが、
本レシピでは甘みを加えずにバヴァロア特有のなめらかな食感を表現しました。
つけ合わせのハト麦は、とくに女性にはうれしい美肌効果が期待できるといわれる雑穀。
梅干しのソースと合わせて、血液をきれいに保つ働きを高めてくれます。

材料（10人分）

カボチャのバヴァロア（70mlのプリンカップ10個分）
| カボチャ…170g
| 豆乳…330ml
| 椎茸と昆布のだし汁…110ml
| 葛粉…18g
| 粉寒天…1g

ハト麦…155ml
水…600ml（3カップ）
自然海塩…ひとつまみ

梅のヴィネグレット
| 梅干し…110g（果肉）
| 米飴…45g
| 米酢…80ml
| 椎茸と昆布のだし汁…60〜100ml

季節の野菜3〜4種類（写真のものはカリフラワー、ハナッコリー、ホワイトアスパラガス、カブ）…400g

つけ合わせ
| 紅たで、たで…各適量
| 好みのハーブ（セルフィーユ、ディル、エストラゴンなど）…適量

作り方

1 カボチャは皮をむいて一口大に切り、やわらかくなるまで蒸気の上がった蒸し器で蒸して、豆乳とともにフードプロセッサーに入れ、なめらかなピューレにする。

2 椎茸と昆布のだし汁110ml、葛粉、粉寒天を鍋に入れて、なめらかになるように混ぜ合わせ、中火にかける。沸騰したら、火を弱めて、約5分火を入れる。

3 2に1のカボチャピューレを入れて、手早く混ぜ合わせ、プリンカップに50gずつ流し入れ、冷ます。

4 ハト麦は軽く洗って、分量の水に一晩ひたし、充分に水を吸わせる。鍋に移し入れ、塩を加えて、火にかける。沸騰したら火を弱め、フタをして、ハト麦がやわらかくなるまで炊く。

5 季節の野菜はそれぞれ食べやすい大きさに切り、沸騰した湯に塩少々（分量外）を加えてゆでる。

6 梅のヴィネグレットの材料はすべて合わせる。

7 3のカボチャのバヴァロアと4のハト麦を器に盛りつけ、6の梅のヴィネグレット、季節の野菜、つけ合わせを彩りよく飾る。

カブのファルシー
バルサミコ風味のもろみをのせたグラチネ

ファルシーとは、詰め物をした、という意味です。
イタリア・モデナ地方の伝統製法でつくられた
バルサミコ酢で甘みをつけたもろみとナッツのソースは、
外国の方も大好きな味でした。このソースも思い出のある自信の皿のひとつです。

材料(4人分)

カブ…4個
自然海塩…適量

詰め物
　もちアワ…30ml(大さじ2)
　もちキビ…30ml(大さじ2)
　玉ねぎ…200g(みじん切りにする)
　人参…100g(みじん切りにする)
　セロリ…80g(みじん切りにする)
　マッシュルーム…40g(みじん切りにする)
　ゴボウ…40g(みじん切りにする)
　菜種油…15ml(大さじ1)
　椎茸と昆布のだし汁…120ml
　自然海塩…適量
　ローリエ…1枚

もろみとナッツのソース
　もろみ…32g
　アーモンド…12g(ローストして刻む)
　クルミ…12g(ローストして刻む)
　松の実…12g(ローストして刻む)
　レーズン…12g(水で戻して刻む)
　アサツキ…8g(みじん切りにする)
　パセリ…4g(みじん切りにする)
　バルサミコ酢…500ml(2と1/2カップ)
　　(1/4量になるまで煮詰める)

ソース
　カブ(くりぬいた部分)…100g
　椎茸と昆布のだし汁…100ml(1/2カップ)
　水溶き葛粉…適量

つけ合わせ
　ラディッシュ(小)…2個(薄い輪切りにする)
　カブ(葉のついているところを切り落とした
　　部分)…4個分
　芽ねぎ…10g
　ディル…適量
　オリーブ油…小さじ2

作り方

1 カブは葉のついているところを切り落とし、詰め物ができるようにくり抜く[*photo-A*]。軽く塩をふりかけ、逆さにして5分くらい置き、くり抜いた部分とともに蒸気の上がった蒸し器で7～8分蒸す。

2 鍋に菜種油を入れてあたため、それぞれみじん切りにした玉ねぎ、人参、セロリ、マッシュルーム、ゴボウの順に入れて、炒める。

3 *2*にもちアワ、もちキビ、塩を入れて、ローリエを加え、椎茸と昆布のだし汁120mlをそそぎ入れて、フタをして火を通す。10分蒸らし、その後、冷ましておく。

4 バルサミコ酢は鍋に入れて、1/4の量になるまで煮詰める。

5 アーモンド、クルミ、松の実はそれぞれローストして刻む。レーズンは水で戻して刻む。アサツキ、パセリはみじん切りにする。

6 もろみと*5*をすべて混ぜ合わせ、*4*のバルサミコ酢を好みの味になるまで加える。

7 *1*のくり抜いた方のカブに*3*を詰め、*6*のもろみとナッツのソースをのせて、200℃のオーブンで7～8分焼く。

8 ソース用の椎茸と昆布のだし汁と*1*のカブのくり抜いた部分をフードプロセッサーにかけ、なめらかなピューレを作る。

9 *8*に水溶き葛粉を入れて、好みのとろみをつける。

10 器に*9*のソースを敷き、半分に切った*7*のカブを置いて、芽ねぎ、ディルを飾る。つけ合わせのカブの葉の部分を下にして置き、その上に薄い輪切りにしたラディッシュを花のように飾って、まわりにオリーブ油をたらして香りづけをする。

photo - A

計量スプーンなど丸みのあるスプーンを使って、少しずつくり抜いていきます。カブの底になる面は、少し厚めに残しておくのがポイント。

33

アーモンドの豊かな風味を活かした磯辺揚げ
金時草と野菜のジュリエンヌ

生の牡蠣を連想させる味わいの磯辺揚げに、
アーモンドのやさしい豊かな香りをプラスしてみました。
金時草は加賀伝統野菜のひとつです。ここ数年、伝統野菜が見直されてきていますが、
マクロビオティックの教えでもある「身土不二」ということからも、
それぞれの地元に昔からある食材のすばらしさを再発見してみてはどうでしょうか?

材料(4人分)

磯辺揚げ
- エリンギ…90g(千切りにする)
- 大和芋…120g(皮ごとすりおろす)
- 青海苔…1g
- 焼き海苔…2枚(細かくちぎる)
- 自然海塩…適量

- 押し麦…20g
- 水…適量
- 自然海塩…ひとつまみ

- アーモンド(スライス)…適量
- 揚げ油(菜種油)…適量

金時草のおひたし
- 金時草の葉…180g
- 椎茸と昆布のだし汁…100ml (1/2カップ)
- 醤油…5ml(小さじ1)
- 自然海塩…適量

つけ合わせ
- 白ねぎ…1本(白髪ねぎにする)
- 人参…20g(千切りにする)
- ラディッシュ…2個(千切りにする)
- キュウリ…20g(千切りにする)
- スプラウト…1パック
- ディル…適量

作り方

1. 千切りにしたエリンギ、皮ごとすりおろした大和芋、分量の水と塩でやわらかく炊いた押し麦(炊き方P13)、青海苔、焼き海苔、塩を混ぜ合わせる。

2. 1を8等分にして、俵型にととのえ、アーモンドのスライスを貼りつける。

3. 2を170℃の菜種油で、アーモンドにきれいな揚げ色がつくまで揚げる。

4. 金時草の葉はたっぷりの湯に塩少々(分量外)を加えてゆで、ザルにあげて冷ましておく。

5. 椎茸と昆布のだし汁、醤油、塩を合わせて味をととのえ、冷ましておいた4の金時草を漬け込む。

6. つけ合わせの野菜は下ごしらえをし、ディル以外をすべて混ぜ合わせて水にさらし、パリッとさせる。

7. 器に5の金時草のおひたしを入れ、3の磯部揚げをのせて、6のつけ合わせの野菜を盛りつけ、ディルを飾る。

＊ 金時草がないときは、水菜や小松菜、春菊などを使うのがおすすめです。

加賀伝統野菜のひとつである金時草(キンジソウ)。熊本では水前寺菜、沖縄ではハンダマと呼ばれています。抗酸化作用が非常に強いといわれ、葉裏の赤紫色と独特な香り、そしてヌメリが特徴です。

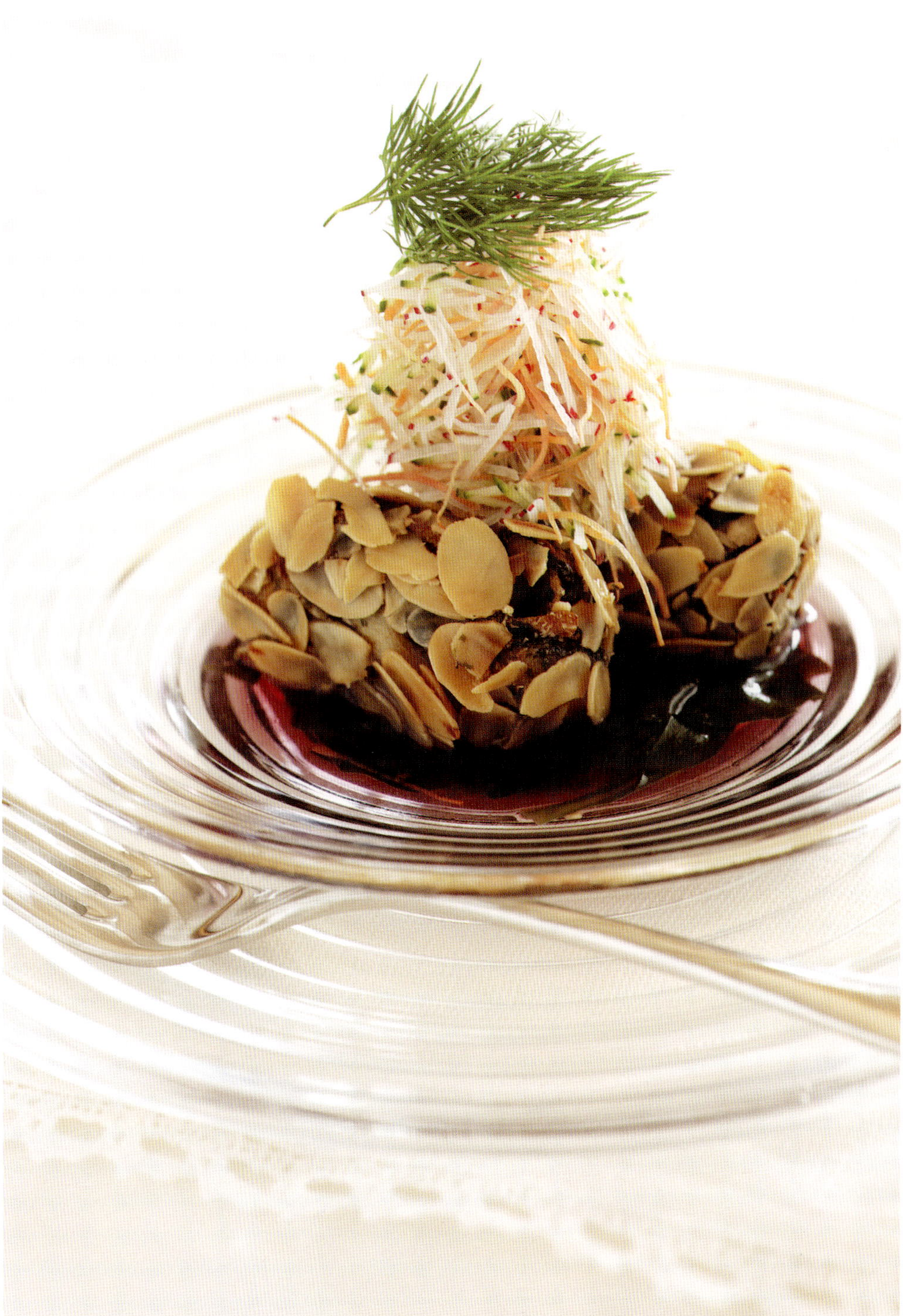

Chapitre 3

Potages　スープ

旬の野菜、椎茸や昆布のだし汁で作るスープは、
一皿の中にさまざまな食材のうまみが凝縮した
滋味あふれる料理です。
マクロビオティックのスープ料理は、
人類が誕生した海を再現したものです。

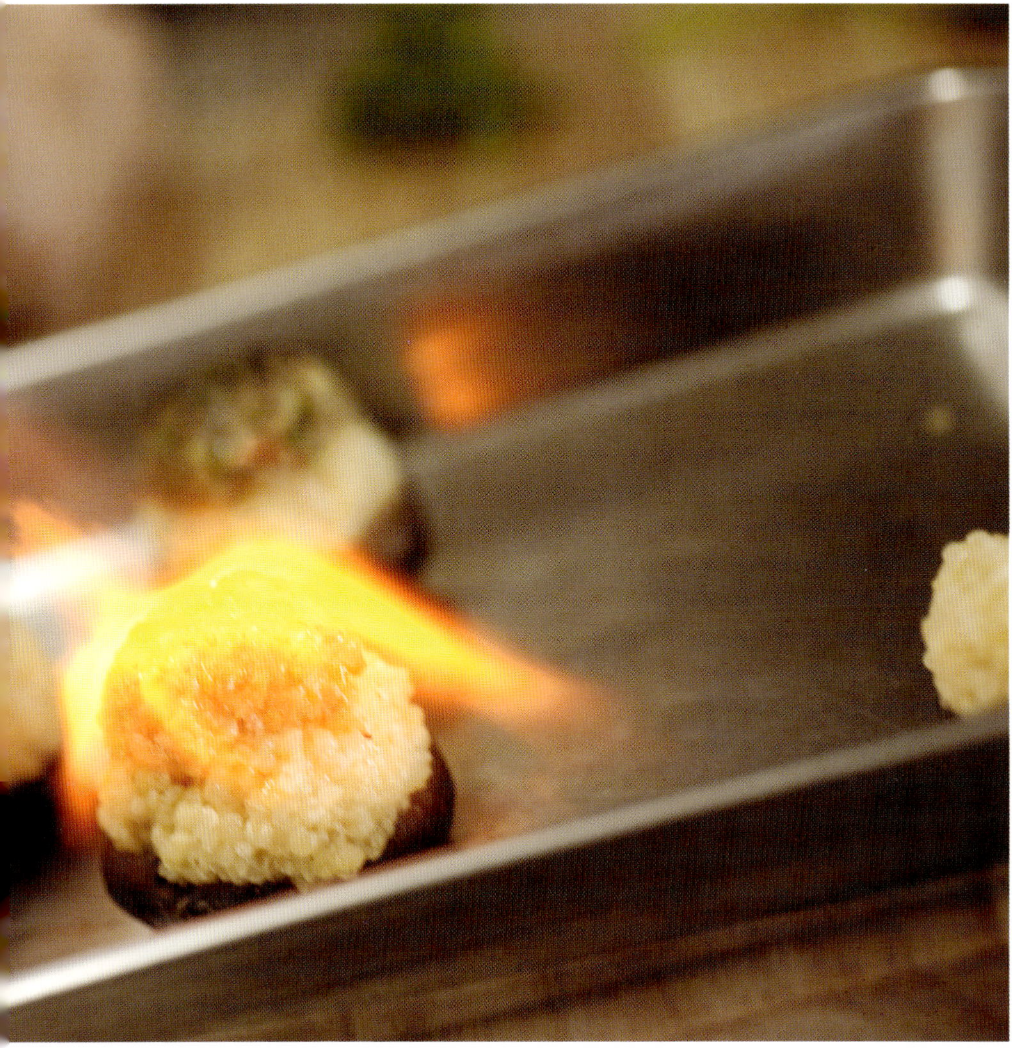

キャラメリゼした玉ねぎのスープ
メープルシロップ風味

キャラメル状になるまでじっくり炒めた玉ねぎにメープルシロップを加え、味の奥行きをあたえたスープ。隠し味の豆味噌がさらに深みを引き出してくれます。メープルシロップの陰性を陽性の豆味噌と合わせることにより、陰陽のバランスをとっています。

材料(4人分)

- 玉ねぎ…400g
  （できるだけ薄い千切りにする）
- 干し椎茸…2g（水で戻し、薄切りにする）
- 全粒車麩…2枚
  （水で戻し、1つを10等分ずつにカットする）
- ニンニク…適量（みじん切りにする）
- ごま油…適量
- メープルシロップ…40g
  （約大さじ1と1/3）
- 豆味噌…8g（約小さじ1）
- 玄米（炊いたもの）…80g
- 野菜のだし汁＊…1L（5カップ）
- 醤油…適量
- 黒こしょう…少々

つけ合わせ
- アサツキ…8g（みじん切りにする）
- エディブルフラワー（菊の花など）…適量

作り方

1. 鍋にごま油を入れてあたため、みじん切りにしたニンニクを炒める。ニンニクの香りがしてきたら薄い千切りにした玉ねぎを入れ、弱火でキャラメル色になるまでじっくり炒める（目安は約45～60分）【photo-A】。

2. 水で戻して薄切りにした椎茸、メープルシロップを1に加えて、メープルシロップを軽く煮詰める。

3. 2に豆味噌、水で戻して10等分ずつにカットした全粒車麩、玄米、野菜のだし汁を入れて、味がでるまで炊く。

4. 3に醤油、黒こしょうを加えて、味をととのえる。

5. 4を器に盛りつけて、みじん切りにしたアサツキ、エディブルフラワーを散らす。

photo-A

＊野菜のだし汁

材料(できあがりの量＝約2L)

- 玉ねぎ…300g（まわし切りにする）
- 人参…200g（薄切りにする）
- セロリ…25g（薄切りにする）
- キャベツ…25g（千切りにする）
- 長ねぎ…25g（千切りにする）
- 干し椎茸…2枚
- 昆布…10g
- ローリエ…1枚
- パセリ（茎）…3本
- 自然海塩…ひとつまみ
- 水…3L

作り方

1. 鍋に分量の水と干し椎茸、昆布を入れて、一晩浸水させる。

2. 1に下ごしらえした野菜と残りの材料をすべて加えて、火にかける。

3. 2が煮立ったら、昆布を取り出し、弱火にして1時間煮る。

4. できあがった3のだし汁を漉す。

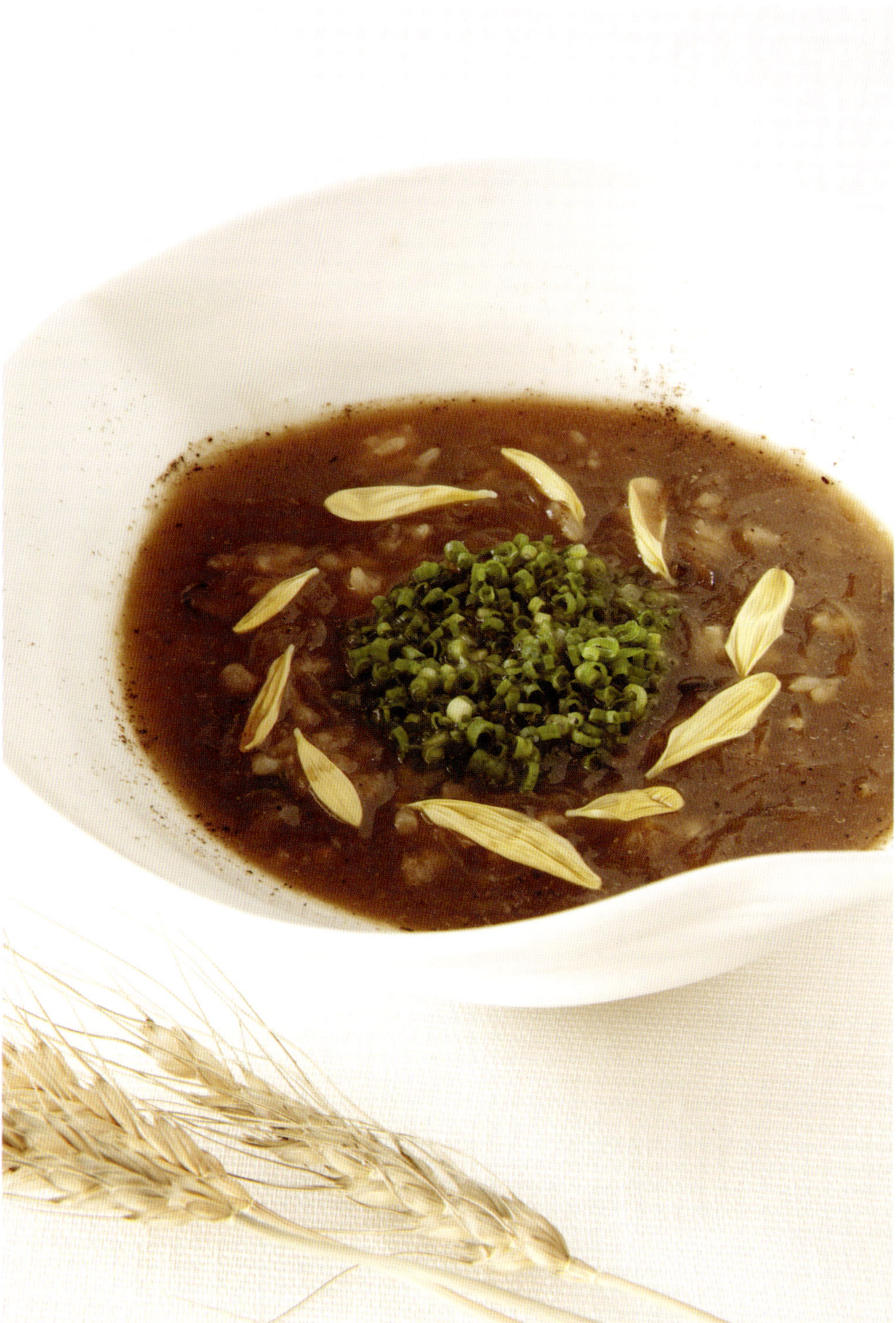

シャンピニオンのクリームスープ 実りの秋の香り

秋の恵みの代表的な食材ともいえるキノコと栗をスープに仕立てました。
別皿に添えたワイルドライスのポップが、
なめらかなスープにカリカリとした楽しい食感をあたえてくれます。

photo-A

200℃くらいの高温の油で揚げます。ワイルドライスは油に入れるとすぐにふくらみますが、油の温度が低いとふくらみません。2倍程度の大きさになったら、油から引き上げます。

材料(4人分)

玉ねぎ…44g(まわし切りにする)
セロリ…24g(薄切りにする)
マッシュルーム…284g(薄切りにする)
玄米(炊いたもの)…58g
野菜のだし汁(P38)…580ml
豆乳…240ml
菜種油…適量
自然海塩…適量

つけ合わせ
| キノコ(3～4種類)…160g(手でほぐす)
| 栗…12粒(皮をむいて下ゆでをしておく、
| 　または甘栗でもOK)
| ニンニク…少々(みじん切りにする)
| パセリ…4g(みじん切りにする)
| エシャロット…12g(みじん切りにする)
| 菜種油…適量
| 醤油…少々

| ワイルドライス…32g
| 揚げ油(菜種油)…適量
| 自然海塩…適量

| アサツキ…8本＋20g(みじん切りにする)

作り方

1 鍋に菜種油を入れてあたため、まわし切りにした玉ねぎ、薄切りにしたセロリを順番に入れて、色づけないようにゆっくりと炒める。

2 *1*に薄切りにしたマッシュルームを入れて、軽く炒め合わせ、さらに塩を軽くふり入れて、フタをして蒸し煮にする。

3 *2*のマッシュルームから水分を充分に引き出して、水気がなくなるまで煮詰める。

4 *3*に玄米、野菜のだし汁を加えて、玄米がやわらかくなるまで煮込む。

5 豆乳と*4*をミキサーに入れて、なめらかなクリーム状にし、さらにシノワで裏漉しをする。

6 つけ合わせを作る。鍋に菜種油を入れてあたため、キノコ類を入れ、水分をとばしながらしっかり炒める。

7 *6*にそれぞれ下ごしらえした栗、ニンニク、パセリ、エシャロットを順番に加え、香りがたつまで炒める。さらに軽く醤油をふり入れる。

8 たっぷりの菜種油を200℃くらいに熱し、ワイルドライスをカリッとなるまで揚げて【photo-A】、軽く塩をふる。

9 器の中央につけ合わせの*6*のキノコ類を置いて、アサツキの穂先を飾り、そのまわりからあたためておいた*5*のスープを静かにそそぎ入れて、みじん切りにしたアサツキ、*8*のワイルドライスを添える。

もちキビを詰めた椎茸の味噌焼き
海藻のクリアスープ

細胞の若さを保つといわれる亜鉛の豊富なもちキビを、椎茸、海藻と合わせました。
味噌に加える香りのものは、季節に合わせて変えてみてください。
旬の食材の香りは、脳を刺激し、ストレスを取りのぞいてくれます。
また、このスープは腸内環境を改善する効果が期待できます。

材料(4人分)

スープ
- 椎茸と昆布のだし汁…500ml(2と1/2カップ)
- 醤油…適量(約小さじ2と1/2)

もちキビを詰めた椎茸
- 干し椎茸(小さめのもの)…12枚(水で戻す)
- 椎茸と昆布のだし汁…250ml(1と1/4カップ)
- 醤油…適量

- もちキビ…100g
- 椎茸と昆布のだし汁…150ml(3/4カップ)

- 葛粉…適量

香り味噌
- 長ねぎ…12g(みじん切りにする)
- 赤玉ねぎ…10g(みじん切りにする)
- ミョウガ…1個(みじん切りにする)
- 青ジソ…15g(みじん切りにする)
- コンニャク…15g(みじん切りにする)
- 白すりごま…ひとつまみ
- 麦味噌…12g(約小さじ2)
- 白味噌…12g(約小さじ2)
- ごま油…適量

つけ合わせ
- アオサ海苔…2g
- フノリ…2g(水で戻す)
- 万能ねぎ…適量(飾り切りにする)
- 三つ葉…4本(ゆでて、結ぶ)

作り方

1. 干し椎茸は水で戻し、傘の方に隠し包丁を入れて、椎茸と昆布のだし汁250ml、醤油で煮て味を含ませておく。

2. もちキビは椎茸と昆布のだし汁150mlで炊いておく(炊き方P13参考)。

3. 鍋にごま油を入れてあたため、それぞれみじん切りにした長ねぎ、赤玉ねぎ、コンニャクを炒め、残りの香り味噌用の材料と合わせておく。

4. 1の椎茸の水気をきり、内側に葛粉を軽くふり、2のもちキビをのせる。さらに3の香り味噌をのせて、バーナーで焼き色をつける(バーナーがない場合は、オーブントースターや魚焼き器などを使って焼き色をつける)。

5. スープ用の椎茸と昆布のだし汁は鍋に入れてあたため、醤油を加えて味をつける。

6. 器に4を盛りつけ、5のスープをそそぎ入れ、下ごしらえしたつけ合わせを飾る。

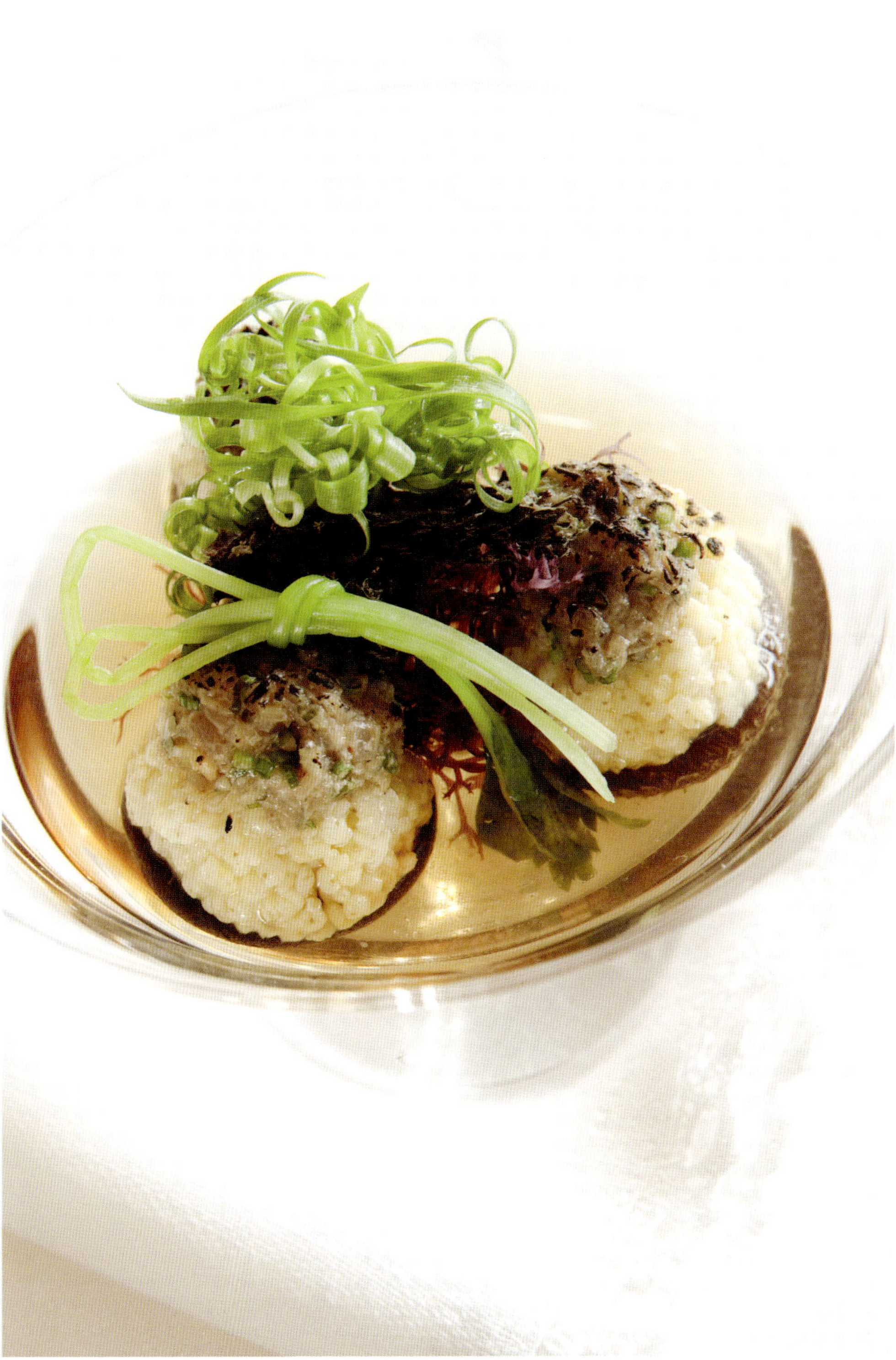

人参の冷たいクリームスープ 玉ねぎのコンポート
梅酢の酸味をアクセントに添えて

暑い夏でも体の冷やしすぎは禁物です。
そんなときに、とくにおすすめしたいのが、体を冷やしにくい食材を使った冷たいスープ。
冷え性や貧血を改善してくれるといわれる人参と、
梅干しの副産物で血液浄化作用のある梅酢をアクセントに使い、
玉ねぎのやさしい甘みを添えて、爽やかに仕上げました。

材料（4人分）

人参…400g（斜め薄切りにする）
玉ねぎ…80g（薄切りにする）
セロリ…32g（斜め薄切りにする）
玄米（炊いたもの）…80g
自然海塩…適量
野菜のだし汁（P38）…240ml＋400ml
梅酢…適量

玉ねぎ…160g

つけ合わせ
　貝割れ大根…適量
　黒ごま塩…適量
　クルトン…適量
　ダルスまたはワカメ（乾燥）…適量（菜種油で揚げる）

作り方

1 鍋に薄切りにした玉ねぎ80g、斜め薄切りにしたセロリ、人参、玄米を順番に重ね入れ、軽く塩をふる。

2 *1*に野菜のだし汁240mlをそそぎ入れ、フタをして蒸し煮にする。

3 *2*の野菜がやわらかくなったら、ミキサーやフードプロセッサーなどに入れて、なめらかなピューレにする。

4 *3*をシノワで裏漉しし、ふたたび鍋に入れて、野菜のだし汁400mlを加えて火にかけ、梅酢を入れて味をととのえる。

5 鍋に玉ねぎ160gを切らずに丸ごと入れて、少量の水（分量外）を加えてフタをし、180℃のオーブンで40〜45分蒸し焼きにする。コンポート状になるまで火を通し、その後、冷ましておく。

6 *4*のスープと*5*の玉ねぎのコンポートを器に盛りつけ、貝割れ大根を飾り、残りのつけ合わせを好みでかけていただく。

欧米ではポピュラーな海藻のダルス。油との相性がよく、低温の油で素揚げするとクリスピーベーコンのような状態になります。

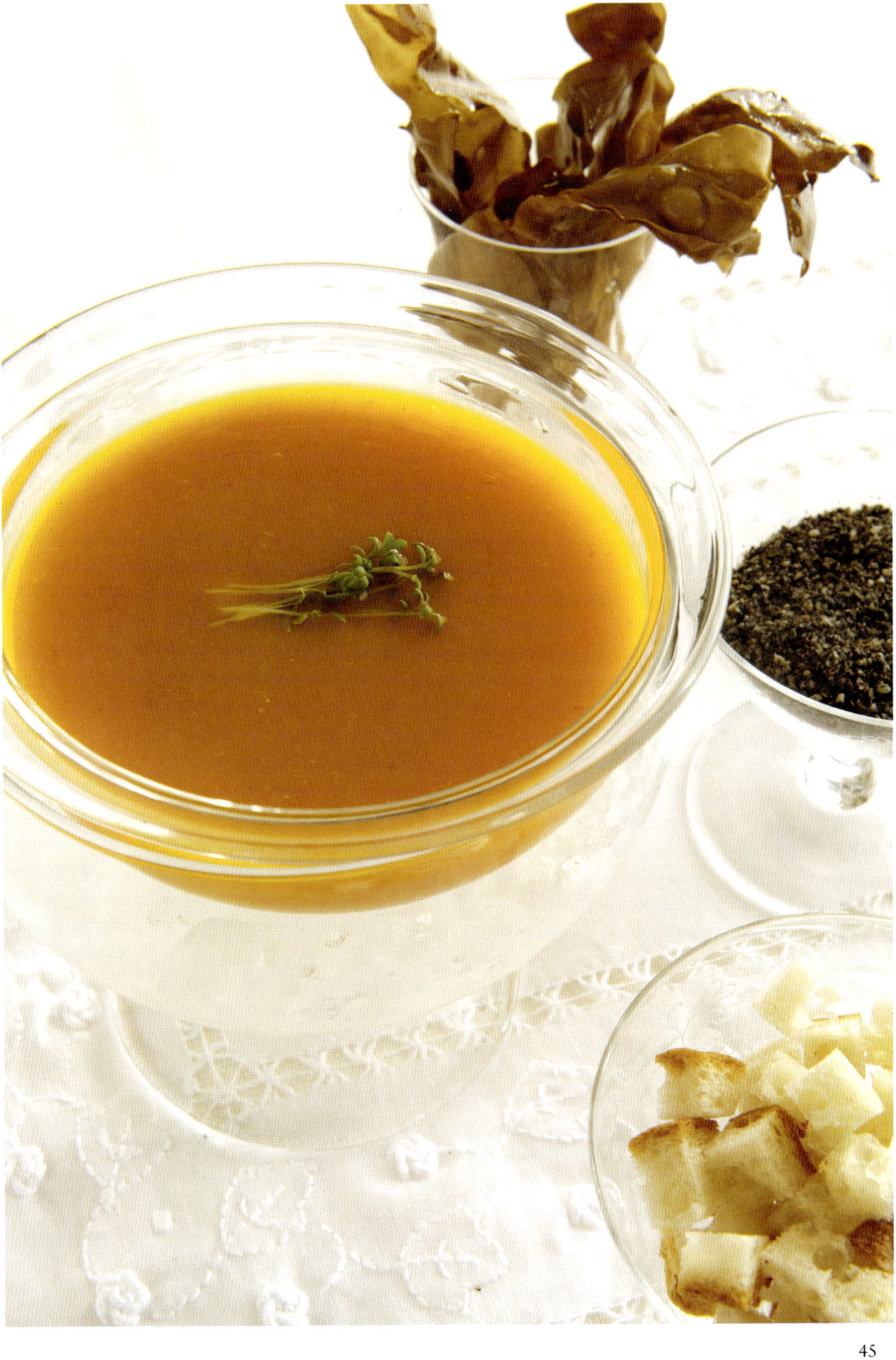

豆乳味噌スープ 濃厚な豆乳を使って

ぜひ、豆腐屋さんで搾った濃厚な豆乳を使って、作ってみてください。
豆乳には人体に必要な8種類の必須アミノ酸がすべて含まれているといわれています。
イソフラボンをはじめ、肌に透明感(物質に透過性)を与えるというサポニンなど、
女性にはうれしい栄養素が詰まっています。
陰性が強い豆乳も陽性の味噌と合わせることでバランスがとれます。

材料（4人分）

豆乳…200ml（1カップ）
白ねぎ…48g（飾り切りにする、または1cm角に切る）
人参…48g（飾り切りにする、または1cm角に切る）
ズッキーニ…48g（飾り切りにする、または1cm角に切る）
椎茸と昆布のだし汁（濃い目のもの）…500ml（2と1/2カップ）
白味噌…30g（約大さじ2）
麦味噌…10g（約小さじ2）

つけ合わせ
アサツキ…8本＋8g（小口切りにする）
黒ごま塩…適量
鉄火味噌（市販のものでOK）…適量

作り方

1. 鍋にそれぞれ飾り切りにした白ねぎ、人参、ズッキーニと椎茸と昆布のだし汁を入れて、甘みがでるまで炊く。野菜はそれぞれ火が通ったら、鍋から取り出す。

2. 白味噌と麦味噌はすり鉢に入れて、1の鍋の汁を少量加えて溶きのばし、1の鍋に入れる。

3. 1を一度沸騰させてから火を止めて、豆乳を加え、味をととのえる。このとき、絶対にスープを沸騰させないようにするのがポイント（沸騰させてしまうと分離します）。

4. 3を器に盛りつけ、1で取り出しておいた野菜とアサツキの穂先を飾りつけ、つけ合わせの小口切りにしたアサツキ、黒ごま塩、鉄火味噌を添える。

＊ 椎茸と昆布のだし汁の濃い目のものとは、基本の椎茸と昆布のだし汁（P13）の干し椎茸と昆布を倍量にしてとったもののことです。

オニオングラタンスープ
パリの生活を思い出して

パリの人々は、寒い冬、オペラを見た後にはカフェに立ち寄り、この定番のスープを飲みます。
パリ生活のなにげない日常を思い出しながら、マクロビオティックで再現してみました。
お餅で作ったチーズは、味はもちろん、糸を引く感じも本物そっくりで、
きっと満足していただけることでしょう。

材料(4人分)
玉ねぎ…600g(薄切りにする)
切り干し大根…30g(水につけて戻しておく)
全粒車麩…3個(水で戻し、1つを4等分ずつにカットする)
地粉…10g(約大さじ1と1/3)
オリーブ油…適量
野菜のだし汁(P38)…800ml(4カップ)
醤油…適量
自然海塩…少々
黒こしょう…少々

もちチーズ
  玄米餅…1枚(約40～50g:チーズおろしなどを使って
  すりおろす)
  白餅…1枚(約40～50g:チーズおろしなどを使って
  すりおろす)
  豆乳…100ml(1/2カップ)
  白味噌…18g(約大さじ1)
  梅酢…5ml(小さじ1)

つけ合わせ
  イタリアンパセリ…8g(千切りにする)
  アサツキ…8g(みじん切りにする)

作り方

1 鍋にオリーブ油を入れてあたため、薄切りにした玉ねぎをキャラメル状になるまでしっかり炒める。

2 *1*に地粉、水で戻して水きりした切り干し大根を加え、さらに炒める。

3 *2*に水で戻して4等分ずつにカットした車麩、野菜のだし汁を入れて、玉ねぎの甘みがでるまで煮込む。

4 *3*に醤油、塩、黒こしょうを加えて、味をととのえる。

5 玄米餅と白餅はチーズおろしなどを使ってすりおろし【*photo - A*】、鍋にもちチーズの材料をすべて入れて火にかけ、木べらで絶えずかき混ぜながら、練り合わせる。

6 器に*4*のスープをそそぎ入れて、*5*のもちチーズをかけ、200℃のオーブンで焼き色をつける(目安は約10～15分)。

7 仕上げに千切りにしたイタリアンパセリとみじん切りにしたアサツキを散らす。

photo - A

玄米餅と白餅はチーズおろしなどを使って、なるべく細かくなるようにすりおろします。チーズおろしがない場合は、包丁で細かくみじん切りにします。

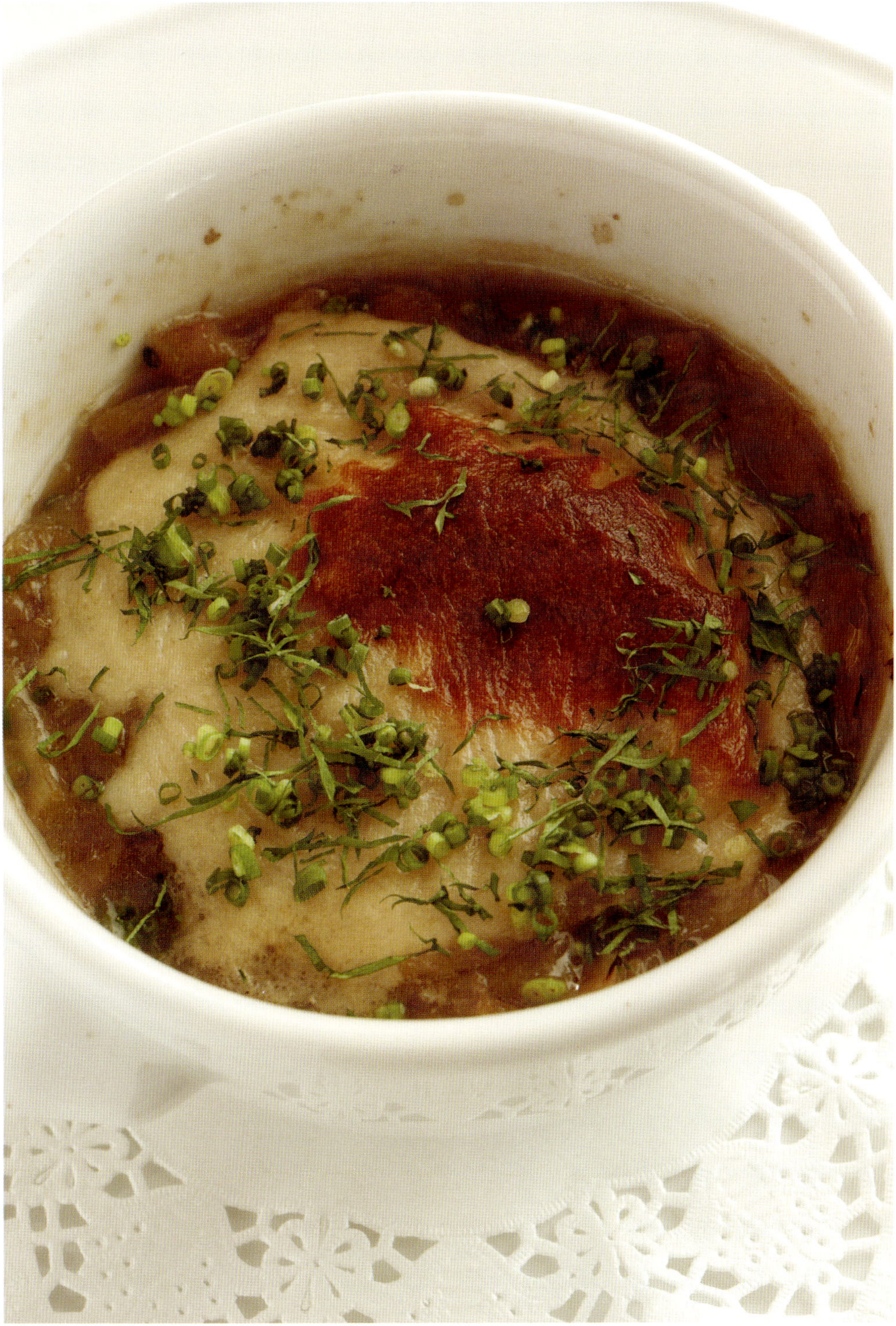

蓮根クネルと葛きりのスープ

人間と同じように酸素を吸って二酸化炭素を排出するという蓮根は、
この仕組みにより、マクロビオティックでは呼吸器によいとされています。
スペインで、この蓮根クネルのスープをはじめて提供したとき、
つけ合わせの葛きりがすべて残っていました。
原因は、外国の方々は「すする」ことができないということによるものでしたが、
2回目以降は葛きりを1cm角に切って仕上げてみたところ、
なんと、大人気のメニューになりました。
所変われば……ということが身にしみて感じられ、今では笑い話のひとつとなっています。

材料(4人分)

蓮根ボール
- 蓮根…214g(すりおろし、手で軽く絞って、絞ったものと汁を分けておく)
- 白ごまペースト…28g
- 葛粉…24g(約大さじ2と1/3)
- 揚げ油(菜種油)…適量

スープ
- 椎茸と昆布のだし汁…800ml(4カップ)
- 醤油…適量(約大さじ1と1/3～大さじ1と2/3)

つけ合わせ
- 葛きり…5～7g(湯につけて、少し固めに戻す)

- 舞茸…60g(手でほぐす)
- 椎茸と昆布のだし汁…100ml(1/2カップ)
- 醤油…小さじ1/2

- 海藻サラダ…4g(水につけて戻しておく)
- フノリ…2g(水につけて戻しておく)
- 万能ねぎ…(笹打ちねぎにする)
- スナップエンドウ…8個(ゆでておく)

作り方

1. 蓮根はすりおろし、手で軽く絞って、まず絞り汁を火にかけ、粘りがでるまで木べらでたえずかき混ぜながら練る。

2. 1が冷めたら、1の絞った汁と分けておいた蓮根、白ごまペースト、葛粉を入れて、混ぜ合わせ、食べやすい大きさに成形する。

3. 180℃に熱した菜種油で2を色よく揚げる。

4. つけ合わせの葛きりは湯につけて、少し固めに戻す。舞茸は手でほぐし、椎茸と昆布のだし汁、醤油で炊く。海藻サラダ、フノリは、それぞれ水につけて戻しておく。万能ねぎは笹打ちねぎにし、スナップエンドウはゆでておく。

5. スープ用の椎茸と昆布のだし汁は鍋に入れてあたため、醤油を加えて味をつける。

6. 器に3の蓮根ボール、4をそれぞれ盛りつけ、5のスープをそそぎ入れる。

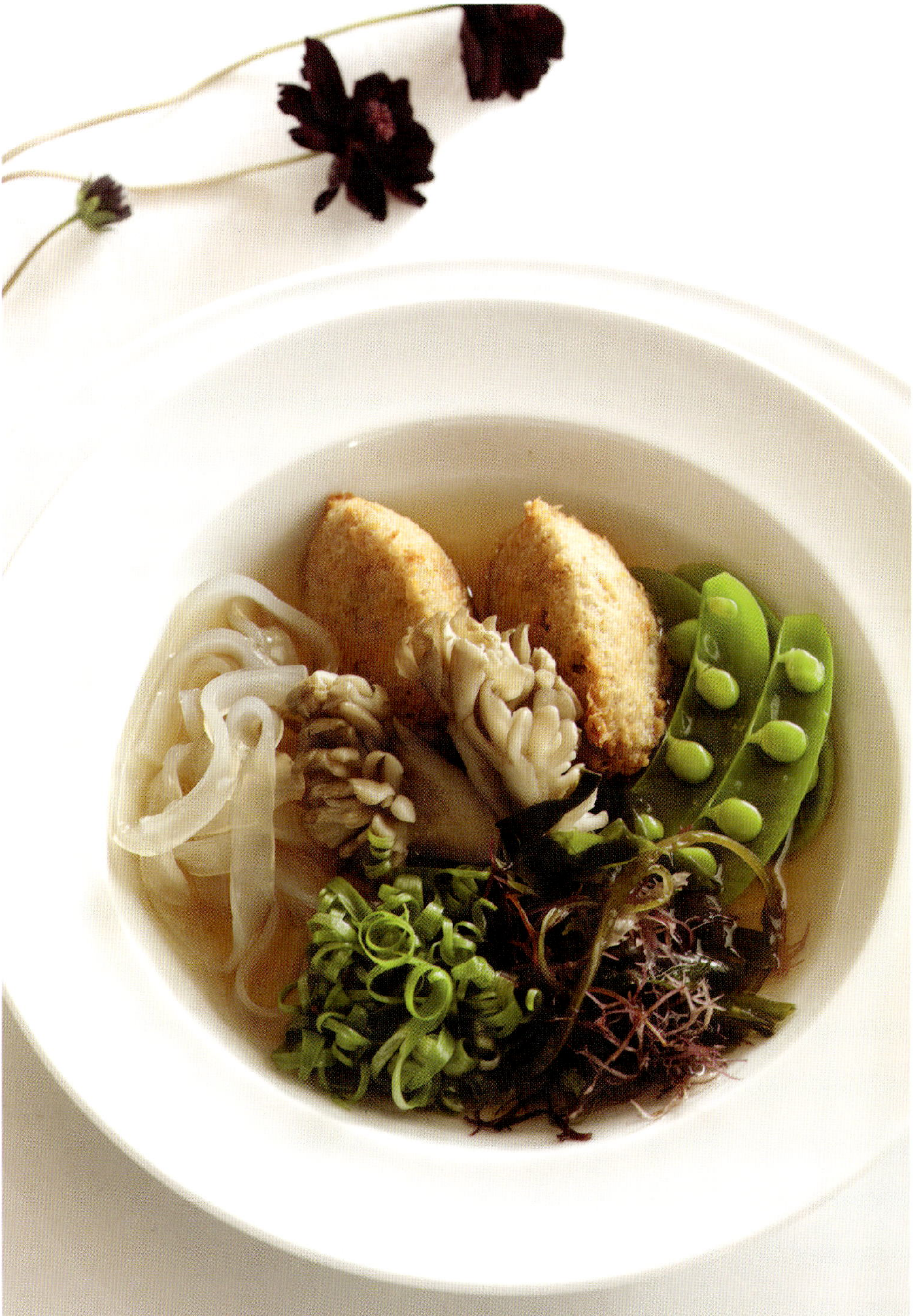

蕎麦の実入り甘い野菜のスープ

マクロビオティックの定番、甘い野菜のスープです。
収縮のエネルギーの強い蕎麦の実をプラスして仕上げました。
マクロビオティックを始める以前は、体重が90kgもあった私ですが、
このスープは内臓の奥底に溜まった固い脂肪を溶かしてくれる働きがあります。
なんと、このスープのおかげで、25kgのダイエットに成功しました！

材料（4人分）
蕎麦の実…100ml（1/2カップ）
玉ねぎ…60g（5㎜角に切る）
カボチャ…60g（5㎜角に切る）
キャベツ…60g（5㎜角に切る）
人参…60g（5㎜角に切る）
万能ねぎ…3本（小口切りにする）
自然海塩…適量
椎茸と昆布のだし汁…1L（5カップ）
醤油…15ml（大さじ1）

作り方

1 玉ねぎ、カボチャ、キャベツ、人参はそれぞれ5㎜角に切り、鍋に順番に重ね入れ、軽く塩をする。

2 *1*に椎茸と昆布のだし汁を静かにそそぎ入れ、火にかける。沸騰したら、火を弱め、フタをして20分煮る。

3 *2*に蕎麦の実を入れて、蕎麦の実がやわらかくなるまで煮込む。

4 *3*に醤油を入れて、味をととのえ、必要であれば塩を加える。

5 *4*を器に盛りつけ、小口切りにした万能ねぎを散らす。

Chapitre 4

Plats principaux　主菜

メインとなる料理には、
良質の植物性たんぱく質である
セイタン、テンペ、全粒車麩などを使い、
ボリュームを出すといいでしょう。
味つけには、コクをだすために味噌、醤油を、
風味や口あたりをよくするために
良質の植物油、メープルシロップ、
少量のニンニク、生姜などを使うと、
一般的な食事をしている方でも
満足できる味を作ることができます。

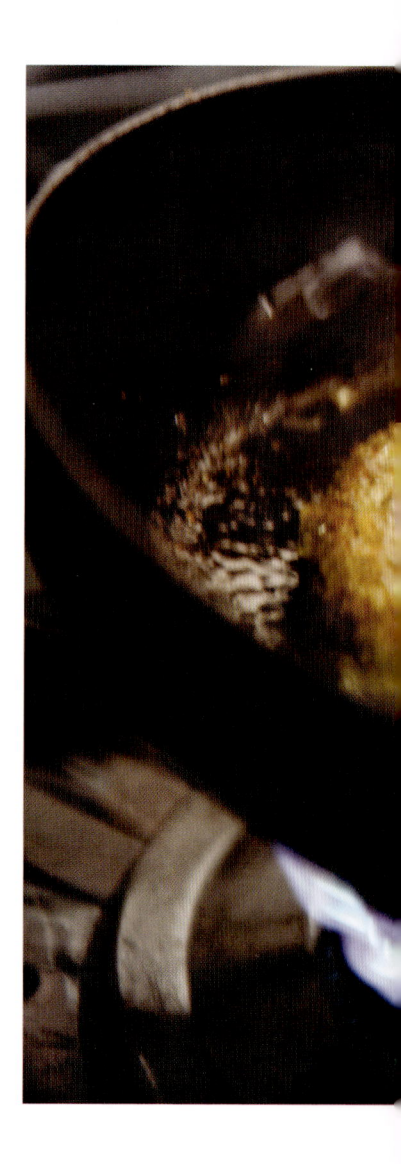

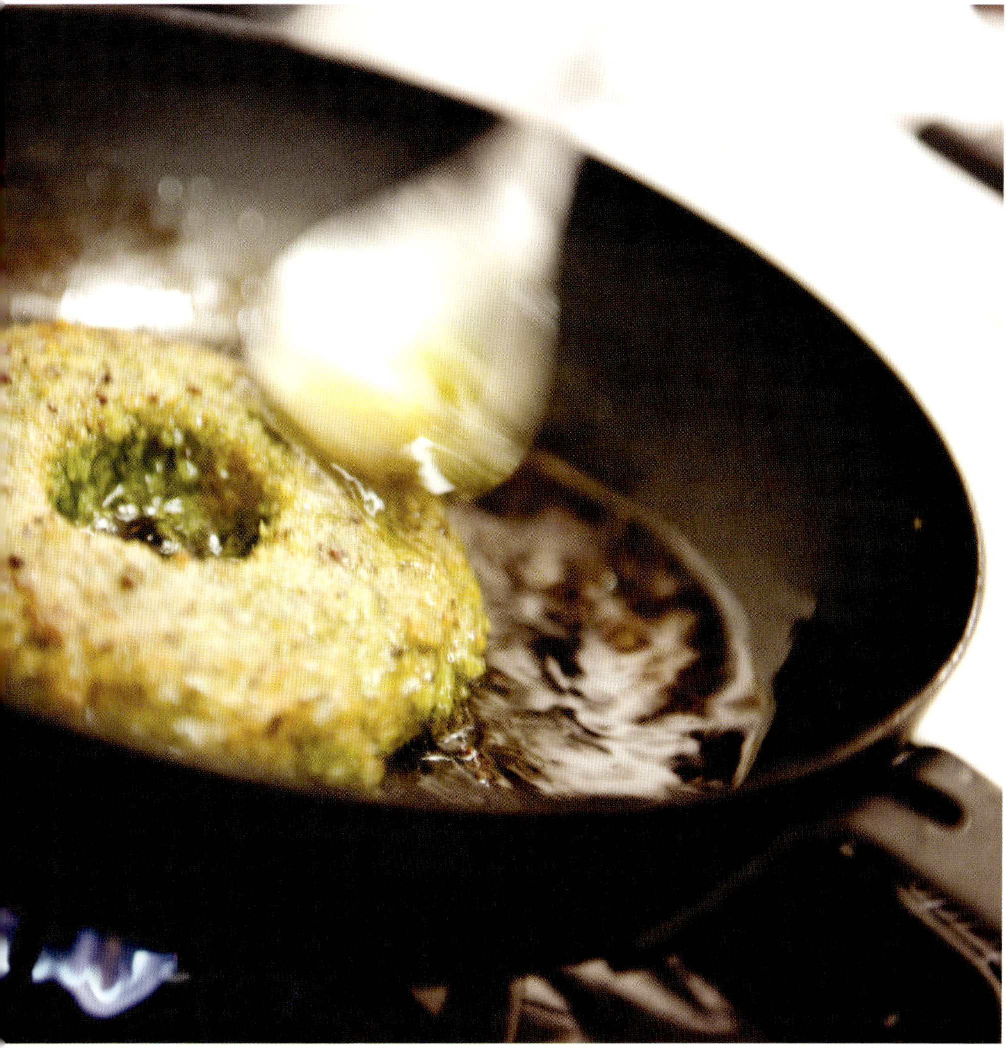

緑米と野菜たっぷりのドリア
オートミールのホワイトソース

緑黄色野菜と同じクロロフィルを含む「緑米」は、
ポリフェノール色素を含み、抗酸化作用があるといわれています。
女性の大好きなドリアを、オートミールホワイトソースで作りました。
口の中で緑米、野菜、オートミールのやさしい甘みを感じてみてください。

材料(4人分)

緑米…50ml(1/4カップ：押し麦とともに1.2倍の水加減で圧力鍋で炊いておく)
押し麦…50ml(1/4カップ)
水…120ml
自然海塩…ひとつまみ

ホワイトソース
  オートミール…60g(ミキサーなどにかけて粉にする)
  オリーブ油…40ml(1/5カップ)
  玄米ドリンク(市販)…50ml(1/4カップ)

具材
  玉ねぎ…100g(一口大に切る)
  人参…60g(一口大に切る)
  セロリ…40g(一口大に切る)
  白ねぎ…40g(一口大に切る)
  ズッキーニ…40g(一口大に切る)
  ブロッコリー…60g(小房に分ける)
  カリフラワー…60g(小房に分ける)
  トウモロコシ…100g(一粒ずつにばらす)
  自然海塩…適量

ヒジキ…2g(水につけて戻しておく)
椎茸と昆布のだし汁…100ml(1/2カップ)
醤油…5ml(約小さじ1)

つけ合わせ
  防風(なければ三つ葉など)…適量

作り方

1. 緑米は押し麦とともに分量の水と塩を加えて、圧力鍋で炊いておく。

2. 鍋にオリーブ油を入れてあたため、ミキサーなどにかけて粉状にしたオートミールを入れて、火を通す。

3. 2に玄米ドリンクを加え、絶えずかき混ぜながら、なめらかなホワイトソースを作る。

4. 具材の野菜はそれぞれ下ごしらえをして、鍋に入れて軽く塩をし、蒸し煮にする。

5. 水につけて戻したヒジキは、椎茸と昆布のだし汁と醤油と合わせて、下味をつけておく。

6. 3のホワイトソースと4の野菜を合わせる。

7. 1の炊いた緑米と押し麦に5のヒジキを混ぜ合わせ、耐熱皿の底に敷く。

8. 7に6を流し入れ、220℃のオーブンに入れて、表面に焼き色をつける(目安は約15〜16分)。

9. 8をオーブンから取り出して、つけ合わせの防風を飾る。

57

セイタンシチュー

食生活をマクロビオティックに移行していくときに、
多くの方がとてもお世話になる食材"セイタン"を使って、コクのあるシチューを作りました。
タイムやローズマリーを加えて、香りにも奥行きをもたせています。
もちろん、マクロビオティックな食生活をしていない方にも満足していただける一皿です。

小麦粉のグルテン質と水、塩を練って火を通したセイタン。マクロビオティックでは、植物性100％の良質なたんぱく源です。「こうふう」とも呼ばれていますが、いまのところ世界的に名前の統一がなされておらず、発祥地によって異なった名前が存在しています。本レシピでは、生こうふうを使用しました。

材料（4人分）

セイタン（または生こうふう）…200g（一口大に切り、
　分量外の地粉を軽くまぶして菜種油で揚げる）
カボチャ…100g（一口大に切り、菜種油で揚げる）
マッシュルーム…100g
　（1/4に切り、菜種油で揚げる）
玉ねぎ…100g（一口大に切る）
人参…100g（乱切りにする）
蓮根…100g（乱切りにする）
季節のキノコ……100g（一口大に切る）
セロリ…50g（乱切りにする）
ニンニク…適量（みじん切りにする）
ローリエ…1枚
タイム…適量
　（できれば生のもの、なければドライでもOK）
ローズマリー…適量
　（できれば生のもの、なければドライでもOK）
ごま油…適量
椎茸と昆布のだし汁…400ml（2カップ）
豆味噌…18g（約小さじ2と1/2）
醤油…適量
水溶き葛粉…適量
揚げ油（菜種油）…適量

つけ合わせ
> エストラゴン…適量
> イタリアンパセリ…適量
> 枝豆（ゆでて、サヤからはずしたもの）…40g

玄米（P13の基本の玄米ごはんの炊き方で乾燥グリーン
　ピース 40mlを加えて炊いたもの：水加減は基本の水の
　分量に豆と同量の水を加える）…240g
スプラウト（好みのもの）…適量

作り方

1. セイタンは一口大に切って地粉（分量外）をまぶし、カボチャは一口大に切り、マッシュルームは1/4の大きさに切って、それぞれ菜種油で揚げる。玉ねぎ、季節のキノコは一口大に切り、人参、蓮根、セロリは乱切りにする。

2. 鍋にごま油を入れてあたため、みじん切りにしたニンニクを炒めて、香りがしてきたら、1の玉ねぎ、人参、蓮根、季節のキノコ、セロリを順番に入れて軽く炒める。

3. 2に1のカボチャとマッシュルーム、椎茸と昆布のだし汁、ローリエ、タイム、ローズマリー、豆味噌を入れて、野菜に火が通るまで煮込む。

4. 3の野菜の甘みがでてきたら、1のセイタンを加え、水溶き葛粉でとろみをつける。

5. 4に醤油を入れて、味をととのえる。

6. 5を器に盛りつけ、エストラゴン、イタリアンパセリ、ゆでた枝豆を散らし、スプラウトを添えた玄米とともにいただく。

ベジタブルパイ

パーティーの演出にはもってこいの料理です。
季節の野菜を器に詰め、ソースをかけて、パイ生地で蓋をします。
あとは、オーブンにすべてお任せの簡単メニュー！
マクロビオティックの蒸し煮を応用した料理で、
オーブンの中で蒸し焼き状態になった野菜は、絶妙な甘さとうまみに仕上がります。
パイ生地を切った瞬間にたち上る香りも、ぜひお楽しみください。

材料(4人分)

パイ生地
- 地粉…90g
- 全粒薄力粉…50g
- 葛粉…20g(約大さじ2)
- 自然海塩…ひとつまみ
- 菜種油…40g
- リンゴジュース…80〜100ml

ソース
- プチトマト…180g(ヨコ半分に切り、軽く塩をして、150℃のオーブンで20分焼く)
- 玉ねぎ…80g(みじん切りにする)
- ニンニク…適量(みじん切りにして、好みで加える)
- ワイルドライス…32g(たっぷりの水、塩少々とともに鍋に入れ、やわらかくなるまで炊く)
- バジル(生葉)…3枚(千切りにする)
- 自然海塩…適量
- オリーブ油…適量
- 椎茸と昆布のだし汁…280ml
- 麦味噌…15g(約大さじ1)

具材
- 白ねぎ…40g(一口大に切る)
- カブ…60g(くし切りにする)
- トウモロコシ…100g(1/4に切る)
- セロリ…60g(一口大に切る)
- カリフラワー…80g(一口大に切る)
- カボチャ…80g(一口大に切る)
- 山芋…80g(一口大に切る)
- サツマイモ…80g(一口大に切る)

つけ合わせ
- スナップエンドウ…4本(たっぷりの湯に塩少々を加えてゆでておく)
- プチベール…4個(たっぷりの湯に塩少々を加えてゆでておく)

作り方

1. パイ生地を作る。粉類と塩を合わせてふるい、菜種油を加えて、砂状に混ぜ合わせる。

2. 1にリンゴジュースを加え、練らないように軽く混ぜ合わせる。ラップに包んで、冷蔵庫で30分くらい生地を休ませる。

3. 2の休ませた生地をラップにはさみ、耐熱皿より一回り大きく伸ばしておく。

4. 鍋にオリーブ油を入れてあたため、好みでみじん切りにしたニンニクを加えて炒める。さらに、みじん切りにした玉ねぎを加えて、甘みがでてくるまで炒める。

5. ヨコ半分に切り、軽く塩をして、150℃のオーブンで20分焼いたプチトマト、炊いたワイルドライス、椎茸と昆布のだし汁、麦味噌を4に入れて、煮込む。充分にプチトマトの甘みが出てきたら、千切りにしたバジルを加える。

6. それぞれカットした具材の野菜を耐熱皿に並べて【*photo-A*】、5のソースをそそぎ入れる。さらに、3のパイ生地をかぶせて、200℃のオーブンで40分焼く。

7. 6をオーブンから取り出し、あたたかいうちにパイを人数分に取り分け、中の野菜とともに各皿に盛りつける。野菜のエキスがしみ出たあたたかいソースを上からかけて、つけ合わせのゆでたスナップエンドウとプチベールを飾る。

photo - A

季節により、好みの野菜を大きく切り分けて、生のまま器に並べます。

平湯葉で巻いたキヌアのカネロニ
ねぎ味噌とトマトのジェノベーゼ

栄養価の高い未来食"キヌア"と日本の伝統食である"味噌"を組み合わせて仕上げたカネロニ。
自家製のセミドライトマトと松の実で作ったジェノバソースが、味の深みを引き出します。
トマトの強い陰性も、塩を加えることとオーブンでのローストという
陽性のエネルギーを与える調理法にすることで、バランスがよくなります。

材料（4人分）

キヌアのカネロニ
- キヌア…80ml
- 水…160ml
- 自然海塩…ひとつまみ

- 玉ねぎ…100g（まわし切りにする）
- 人参…80g（千切りにする）
- セロリ…50g（薄切りにする）
- エノキ…90g（1/2の長さに切る）
- 塩蔵わかめ…4g
  （水につけて戻し、みじん切りにする）
- ごま油…適量
- 葛粉…20g（約大さじ2）

- 平湯葉…2枚
- サラダ菜…8枚

photo - A

トマトのジェノベーゼ
- プチトマト…180g（ヨコ半分に切り、軽く分量外の塩をして、150℃のオーブンで20分焼く）
- オリーブ油…50ml（1/4カップ）
- バジル（生葉）…2枚
- 松の実…15g
- 自然海塩…ひとつまみ
- 黒こしょう…少々

ねぎ味噌
- 白ねぎ…50g（みじん切りにする）
- 麦味噌…50g
- 白煎りごま…3g（切りごまにする）
- ごま油…適量
- 椎茸と昆布のだし汁…適量

つけ合わせ
- ナス…200g
- オリーブ油…適量
- 自然海塩…適量
- 揚げ油（菜種油）…適量

- 小松菜…4本
- ディル…適量
- セロリ（葉）…適量

作り方

1. キヌアのカネロニを作る。鍋にごま油を入れてあたため、まわし切りにした玉ねぎ、千切りにした人参、薄切りにしたセロリ、1/2の長さに切ったエノキを入れて炒める。

2. 1に分量の水と塩で炊いたキヌア（炊き方P13）、葛粉を入れて、混ぜ合わせ、冷ましておく。冷めたら、水で戻して、みじん切りにした塩蔵わかめを加える。

3. 平湯葉をひろげてサラダ菜4枚を敷き詰め、2の半量を湯葉とサラダ菜の上に置き、カネロニ状に巻く（同じようにしてもう1つ作る）【photo - A】。蒸気の上がった蒸し器に入れて、蒸し上げ（目安は約10分）、1本を6等分に切り分ける。

4. プチトマトはヨコ半分に切り、軽く塩（分量外）をして、150℃のオーブンで25分焼き、セミドライトマトを作る。

5. 4のプチトマトとトマトのジェノベーゼの残りの材料をすべてミキサーに入れて、なめらかに乳化させる。

6. ねぎ味噌を作る。鍋にごま油を入れてあたため、みじん切りにした白ねぎを炒めて、切りごまにした白煎りごまと麦味噌を加えて練り合わせる。さらに椎茸と昆布のだし汁を入れて、好みの固さになるように調節する。

7. つけ合わせのナスは皮目にタテに軽く切れ込みを入れ、高温の菜種油で揚げて、熱いうちに皮をむく。

8. バットにオリーブ油を軽く塗り、輪切りにした7のナスを入れて軽く塩をふり入れ、マリネにする。

9. 小松菜はたっぷりの湯に塩少々（分量外）を加えて色よくゆでる。

10. 器に、9の小松菜とマリネした8のナスを敷き、3のカネロニを盛りつける。6のねぎ味噌と5のトマトのジェノベーゼを添え、ディルとセロリの葉を飾る。

豆腐のポアレ ズッキーニを網代に見立てて

スペインのマクロビオティックホテルで、
日本をイメージしたコース料理を食べていただこうとお客様を招待したときのメイン料理です。
日本の伝統建築文化のひとつである"網代"をズッキーニで表現し、
みなさんにたいへん喜んでいただいた料理です。少し手が込んでいますが、
晴れの日のインパクトを与える料理としてはもってこいの一皿です。

材料(4人分)

豆腐生地
- 玉ねぎ…75g(みじん切りにする)
- 人参…36g(みじん切りにする)
- キャベツ…80g(みじん切りにする)
- シメジ…68g(みじん切りにする)
- 木綿豆腐…140g(水きりをしておく)
- セイタン(または生こうふう)…80g (みじん切りにする)
- 玄米(炊いたもの)…35g
- 葛粉…16g(約大さじ1と1/2)
- 地粉…10g(約大さじ1と1/3)
- パン粉(乾燥)…16g
- 生姜の搾り汁…適量
- 醤油…適量
- 菜種油…適量

焼き油(菜種油)…適量

醤油葛ソース
- A
  - 醤油…60ml(大さじ4)
  - 水…50ml(大さじ3と1/3)
  - 葛粉…10g
- 生姜…7g(薄切りにする)
- 玉ねぎ…40g(薄切りにする)
- 米酢…30ml(大さじ2)
- レモンジュース…10ml(小さじ2)
- 粒マスタード…10g
- 菜種油…80〜100ml

つけ合わせ
- ズッキーニ…2本
- 山芋100g (皮をむいて適当な大きさに切り、蒸し器で蒸して、裏漉しをする)
- ごま油…適量
- 自然海塩…少々

- 穂ジソ…適量
- アサツキ…8本

作り方

1. 鍋に豆腐生地用の菜種油を入れてあたため、それぞれみじん切りにした玉ねぎ、人参、キャベツ、シメジを順番に入れて、炒める。このとき、野菜に焼き色がつかないように、甘みをじっくり引き出しながら炒めて、冷ましておく。

2. 水きりをした木綿豆腐は裏漉しをして、1の野菜、みじん切りにしたセイタン、玄米、葛粉、地粉、パン粉、生姜の搾り汁を加えて、混ぜ合わせる。必要に応じて醤油を加え、味をととのえる。

3. 2を4等分して、ソーセージ型に成形し、菜種油を熱したフライパンで焼き色をつける。さらに、180℃のオーブンで7〜8分くらい火を通す。

4. ズッキーニは2mmの厚さにスライサーまたは包丁でスライスし、皮目の縁の部分を入れた細長いリボン状に切る(ゆでると切れてしまうので、種の部分にあたるリボンは湯の中には入れないように注意する。この部分はソースに使用する)。沸騰したたっぷりの湯に塩少々(分量外)を加えて、リボン状のズッキーニを15秒くらいゆで、冷水に落として急冷させる。

5. 4の水気をきったリボン状のズッキーニを手前から1本ずつ1つ飛ばしで交互に網代に織り込む【photo-A,B】。

6. 4の種の部分のズッキーニ、皮をむいて蒸して裏漉しをした山芋、ごま油、塩をフードプロセッサーに入れて、混ぜ合わせる。

7. 6を鍋に移し入れて火にかけ、ピューレを作る。

8. 醤油葛ソースのAの材料をすべて鍋に入れて火にかけ、絶えずかき混ぜながら沸騰させて、冷ましておく。

9. 8とそれぞれ薄切りにした生姜と玉ねぎ、米酢、レモンジュース、粒マスタードをミキサーに入れて、なめらかなピューレを作り、そこに少しずつ菜種油を加えて乳化させる。

10. 器に7のズッキーニのピューレを引き、9の醤油葛ソースをピューレの真ん中に流し入れて、3を5のズッキーニの網代で包み込んだものをソースの上に置く。網代の上につけ合わせの穂ジソの花とアサツキを飾る。

photo - A

photo - B

ズッキーニの緑の濃い部分を同一方向に合わせて織り込むと、巻いたときにきれいに仕上がります。

車麩の香草パン粉焼きと野菜のエーグルドゥース

フランス語で甘酸っぱいを意味するエーグルドゥース。
マクロビオティックでも人気のメニューである酢豚風をバルサミコ酢を使って洋風にアレンジ。
植物性たんぱく質が豊富な車麩と合わせて、ボリューム感もアップさせました。

材料(4人分)

全粒車麩…3枚(水につけて戻す)
椎茸と昆布のだし汁…300ml
　(1と1/2カップ)
醤油…適量(目安は約小さじ2と1/2)
生姜のすりおろし…適量

香草パン粉
　乾燥パン粉…100g
　オレンジの皮…2g
　レモンの皮…2g
　好みの香草(パセリ、バジル、エストラゴン、
　　ディル、セージなど)…15〜20g
　オリーブ油…適量

地粉…適量
水溶き地粉…適量
焼き油(オリーブ油)…適量

玉ねぎ…60g(くし切りにする)
人参…40g(乱切りにする)
椎茸…4枚(大きめに切り分ける)
舞茸…80g(大きめに切り分ける)
白ネギ…60g(一口大に切る)
ブロッコリー…40g(ゆでておく)
ハナッコリー…60g(ゆでておく)
絹さや…40g(ゆでておく)
黄ピーマン…60g(くし切りにする)
自然海塩…適量
椎茸と昆布のだし汁…1.2L(6カップ)
醤油…適量
水溶き葛粉…適量

合わせ調味料
　米飴…180g
　みりん…60ml(大さじ4)
　米酢…40ml(大さじ2と2/3)
　バルサミコ酢…240ml

つけ合わせ
　全粒クスクス…90ml
　湯(沸騰したもの)…90ml
　オリーブ油…5ml(小さじ1)
　自然海塩…ひとつまみ

　アラメ…6g(水で戻す)
　椎茸と昆布のだし汁…100ml(1/2カップ)
　醤油…5ml(約小さじ1)

マイクロトマト…20g

作り方

1. 水につけて戻した全粒車麩は鍋に入れて、椎茸と昆布のだし汁300ml、醤油、生姜のすりおろしを加えて煮て、味をふくませ、冷ましておく。

2. 香草パン粉の材料はすべてフードプロセッサーに入れて、きれいな緑色になるように混ぜる。

3. 1の車麩は水気を軽く絞り、地粉、水溶き地粉、2の香草パン粉の順番でつけていき、多めのオリーブ油を熱したフライパンで揚げるように焼き色をつける。

4. 合わせ調味料の材料をすべて鍋に入れて、混ぜ合わせ、1/3量になるまで煮詰める。

5. 野菜はそれぞれ切って下ごしらえし、ブロッコリー、ハナッコリー、絹さや、黄ピーマン以外を鍋に入れて、軽く塩をふり入れ、椎茸と昆布のだし汁を少量加えて、蒸し煮する。

6 *5*の野菜が歯ごたえの残る程度に火が通ったら、*1*の合わせ調味料、*5*の残りの椎茸と昆布のだし汁、醤油を加えて、軽く煮込む。

7 *6*に好みで醤油やバルサミコ酢（各分量外）を加えて味をととのえ、水溶き葛粉で好みのとろみをつける。

8 アラメは椎茸と昆布のだし汁、醤油とともに鍋に入れて炊き、粗く刻む。

9 つけ合わせの全粒クスクスは鍋などに入れて、同量の沸騰した湯、オリーブ油、塩を加える。ラップをかけて、しばらくあたたかいところに置いておき、火を通し（目安は約5～6分）、*8*のアラメと混ぜ合わせる。

10 ブロッコリー、ハナッコリー、絹さや、黄ピーマンは沸騰したたっぷりの湯に塩少々を加えてそれぞれ好みの固さにゆでる。

11 *3*の車麩の香草パン粉焼きは4等分ずつにして、*7*および*10*の野菜、*9*のクスクスとともに彩りよく器に盛りつけ、つけ合わせのマイクロトマトを飾り、*7*の鍋のソースを流す。

テンペの春巻き メープル醤油風味

インドネシアの伝統食品"テンペ"と
カナダの伝統食材"メープルシロップ"を組み合わせて、コラボした料理です。
発酵大豆食品であるテンペは、油との相性が抜群。

材料(4人分)

テンペの春巻き
- テンペ…60g(棒状に切る)
- 菜種油…適量
- メープルシロップ…40g(約小さじ1と2/3)
- 醤油…10ml(小さじ2)

- 人参…96g(千切りにする)
- ズッキーニ…96g(千切りにする)
- セロリ…96g(千切りにする)

- パータブリック(または春巻きの皮)…4枚
- 焼き油(菜種油)…適量

お米のサラダ
- 米(ミックス米)…160ml
  (1.2倍の水加減で炊いておく)
- 水…192ml
- 自然海塩…ひとつまみ

- 赤ピーマン…40g(2㎜角に切る)
- 黄ピーマン…40g(2㎜角に切る)
- 玉ねぎ…40g(2㎜角に切る)
- 人参…40g(2㎜角に切る)
- リンゴ…40g(2㎜角に切る)
- 豆腐マヨネーズ(P80)…60g

つけ合わせ(季節の野菜)
- ブロッコリー…160g(約20gの小房×8個)
- カリフラワー…160g(約20gの小房×8個)
- 絹さや…12枚
- 人参…50g(飾り切りにする)
- セルフィーユ…適量

ソース
- 甘酒…75g
- 米味噌…30g(大さじ1と3/4)
- 純米酒…5ml(小さじ1)
- 生姜の搾り汁…適量
- 柚子の搾り汁…適量
- ニンニク…適量(すりおろして、好みで加える)

作り方

1. 鍋に菜種油を入れてあたため、棒状に切ったテンペを入れて焼き色をつけ、キッチンペーパーで鍋の油を拭き取る。

2. 1にメープルシロップを入れ、キャラメル状になるまで煮詰め、醤油を加えて味を含ませ、冷ましておく。

3. それぞれ千切りにした人参、ズッキーニ、セロリは蒸気の上がった蒸し器で蒸し、冷ましておく。

4. 冷ました2のテンペと3の野菜をパータブリックで包み(全部で4本作る)、菜種油を熱した鍋に入れて、焼き色をつける。

5. お米のサラダ用の野菜はそれぞれ2㎜角に切り、沸騰したたっぷりの湯に塩少々(分量外)入れて、それぞれゆでる。

6. 5を分量の水と塩で炊いた米、2㎜角に切ったリンゴ、豆腐マヨネーズと混ぜ合わせる。

7. つけ合わせ用のブロッコリー、カリフラワー、絹さやは、沸騰したたっぷりの湯に塩少々(分量外)を入れて、それぞれ歯ごたえが残る程度にゆでる。

8. ソース用の米味噌はすり鉢に入れてすりこぎでよくあたり、甘酒を少しずつ加えて、なめらかなペーストにする。

9. 8に残りのソースの材料を入れて、味をととのえる。

10. 器に6のお米のサラダを敷いて、1本を4つずつにカットした4のテンペ春巻きを切り口が上になるように盛りつけ、つけ合わせとソースを彩りよく飾る。

大豆のカマンベールとも呼ばれるテンペは、ほかの大豆製品と比べると、とくに糖質や脂質、アルコールなどの代謝に必要な成分であるといわれるナイアシンという成分が豊富です。また、食物繊維も多く、便秘解消の効果が期待できます。

ひよこ豆のコロッケ いろいろな表現で

野菜やスパイスを加えて作るひよこ豆のペーストを"ファラフェル"といいます。
いまでは全世界で愛されるベジタリアンの代表メニューです。
パン粉以外の材料でアレンジしてみました。
本来は中近東のお袋の味の定番料理ですが、味つけに2種類の味噌を加え、
私なりにオリジナリティーのあるレシピに表現しました。

材料(4人分)

コロッケの具
- ひよこ豆(乾燥)…160g(水にひたして戻し、昆布とともに炊いておく)
- 昆布…切手大のもの1枚

- 玉ねぎ…124g(みじん切りにする)
- 人参…80g(みじん切りにする)
- ニンニク…適量(みじん切りにする)
- カレー粉…適量
- オリーブ油…適量

- 麦味噌…12g
- 白味噌…12g
- 自然海塩…適量

コロッケの衣
- 地粉…適量
- 水溶き地粉…適量
- 乾燥パン粉…適量
- 青海苔…適量
- アーモンドダイス…80g
- テンペ…80g(みじん切りにする)

揚げ油(菜種油)…適量

アマランサスのサラダ
- アマランサス…180ml
- 水…360ml
- 自然海塩…ひとつまみ

- 梅酢…適量
- 醤油…適量

つけ合わせ
- 大根…200g(すりおろす)
- 梅酢…適量

- 季節のキノコ3～4種類…320g(一口大に切る)
- エシャロット…60g(みじん切りにする)
- ニンニク…適量(みじん切りにする)
- シェリー酢…5ml(小さじ1)
- 醤油…5ml(小さじ1)
- オリーブ油…適量
- イタリアンパセリ…6g(千切りにする)+適量

作り方

1 鍋にオリーブ油を入れてあたため、それぞれみじん切りにしたニンニク、玉ねぎ、人参の順番で入れて、甘みがでるまでじっくりと炒める。カレー粉を加え、さらに炒める。

2 水にひたして戻し、昆布とともに炊いておいたひよこ豆は、軽く粒感が残るくらいにマッシュし、1、麦味噌、白味噌、塩で味つけをし、16等分して丸く成形する(1人前30g×4個)。

3 2にコロッケの衣を4パターンの方法でつけていく。1つ目は地粉、水溶き地粉、乾燥パン粉の順番、2つ目は地粉、水溶き地粉に青海苔を加えたもの、パン粉の順番、3つ目は地粉、水溶き地粉、アーモンドダイスの順番、4つ目は地粉、水溶き地粉、みじん切りにしたテンペの順番でそれぞれ4つずつつけていく。

4 3を180℃の菜種油でそれぞれ揚げる。

5 アマランサスは分量の水と塩を加えて炊き(炊き方P13)、梅酢、醤油を加えて混ぜる。

6 すりおろした大根に梅酢を加えて味をつける。

7 フライパンにつけ合わせ用のオリーブ油をあたため、一口大に切ったキノコ類を入れて、水分をしっかり飛ばしながら炒める。さらに、それぞれみじん切りにしたエシャロット、ニンニクを加えて炒め、シェリー酢、醤油を入れて味をつけ、千切りにしたイタリアンパセリを混ぜ合わせる。

8 器に6の大根おろしを置き、その上に1種類ずつ4のコロッケをのせて、5のアマランサスのサラダとイタリアンパセリ、7を彩りよく飾る。

＊ シェリー酢がないときは、黒玄米酢やもち玄米酢などの香りの豊かな酢を使うのがおすすめです。

テンペの瞬間スモークと挽き割り小麦　ハーブマスタード風味

照り焼きにしたテンペにスモークチップの香りをまとわせれば、
食感と香りはまるで本物のベーコンのよう。
挽き割り小麦は、近頃ではミシュランの星付きレストランのシェフも見直してきた伝統的な食材のひとつ。
日本でも、最近はオーガニックのものが手に入るようになりました。
アメリカ、ヨーロッパのマクロビオティックでは朝のおかゆとして、
また、玄米のように炊いたり、サラダなどで食べることが主流となっています。

材料（4人分）

テンペのスモーク
- テンペ…300g
- 菜種油…適量
- みりん…30ml（大さじ2）
- 醤油…30ml（大さじ2）
- 椎茸と昆布のだし汁…120ml
- スモークチップ…適量
- 甜菜糖…適量

挽き割り小麦…100ml
（1/2カップ：2倍の水加減で炊く）
水…200ml（1カップ）
自然海塩…ひとつまみ
青海苔…小さじ1/2
玄米餅…1/2カット（約20〜25g：チーズおろしなどを使ってすりおろす）

ハーブマスタード
- 粒マスタード…60g
- パセリ…6g（みじん切りにする）
- セルフィーユ…6g（みじん切りにする）
- 青ジソ…6g（みじん切りにする）
- アサツキ…6g（みじん切りにする）

豆腐マヨネーズ（P80）…適量

つけ合わせ
- 壬生菜…適量（たっぷりの湯に塩少々を加えてゆでる）
- 京人参…1本（丸ごと蒸して輪切りにする）
- ホワイトアスパラガス…8本（たっぷりの湯に塩少々を加えてゆでる）
- アンディーブ…4枚
- 大根…10g（千切りにする）
- 人参…10g（千切りにする）
- ラディッシュ…2個（千切りにする）
- 白ねぎ…10g（千切りにする）
- スプラウト（好みのもの）…10g
- セルフィーユ…適量

作り方

1 鍋に菜種油を入れてあたため、テンペを入れて焼き色をつけて、みりん、醤油を加える。少し煮詰めたあと、椎茸と昆布のだし汁を加え、煮含めてから網の上に取り出す。

2 スモーク用の鍋（または中華鍋）にアルミ箔を敷き、スモークチップと甜菜糖を少量ずつ入れ【*photo - A*】、火をつける。煙が上がり始めたら、*1* の網にのせたテンペを置き、フタをする【*photo - B*】。中火以下に火をおとし、2〜3分スモークする。

3 分量の水と塩で炊いた挽き割り小麦（炊き方P13）に青海苔、すりおろした玄米餅を混ぜ合わせる。

4 ハーブマスタードの材料はすべて混ぜ合わせる。

5 直径8cmのセルクルなどの型に丸くかたどった *2* のテンペ、*3*、*4* の順番に重ね入れ、180℃のオーブンで焼く（目安は約7〜8分）。

6 つけ合わせの大根、人参、ラディッシュ、白ねぎはそれぞれ千切りにし、スプラウトとともに水にさらしてシャキッとさせる。壬生菜とホワイトアスパラガスはたっぷりの湯に塩少々（分量外）を加えてゆで、京人参は丸ごと蒸して輪切りにする。

7 器の中央に *5* を置き、その上に *6* の京人参、ホワイトアスパラガス、アンディーブ、豆腐マヨネーズ、千切りにして水にさらした大根、人参、ラディッシュ、白ねぎ、スプラウト、セルフィーユの順で盛りつけ、まわりに壬生菜を飾る。

photo - A　*photo - B*

はじめは強火でしっかりとスモークチップと甜菜糖を焦がし、たっぷり煙を出すのがポイント。その後、中火以下にして、テンペを入れ、煙をテンペに吸わせるように火加減に注意しながらスモークします。

近年、欧米でもスローフードの動きが盛んになってきています。小麦を一度蒸してから挽き割りにした挽き割り小麦(ブルグル)は、全粒穀物の小麦のビタミン、ミネラルはそのままに、たいへん消化のよい食材として見直されてきています。

京都伝統野菜のひとつである壬生菜。水菜の自然交雑でできたといわれています。心地よい歯ごたえと、ほんのり辛子風味があるのが特徴です。

Chapitre 5

Salades サラダ

旬の野菜や海藻をうまく組み合わせて
陰陽のバランスをとるのがポイントです。
同時にトウモロコシや栗、
蕎麦などの穀物の粉を使って、
ボリューム感もだすようにするといいでしょう。

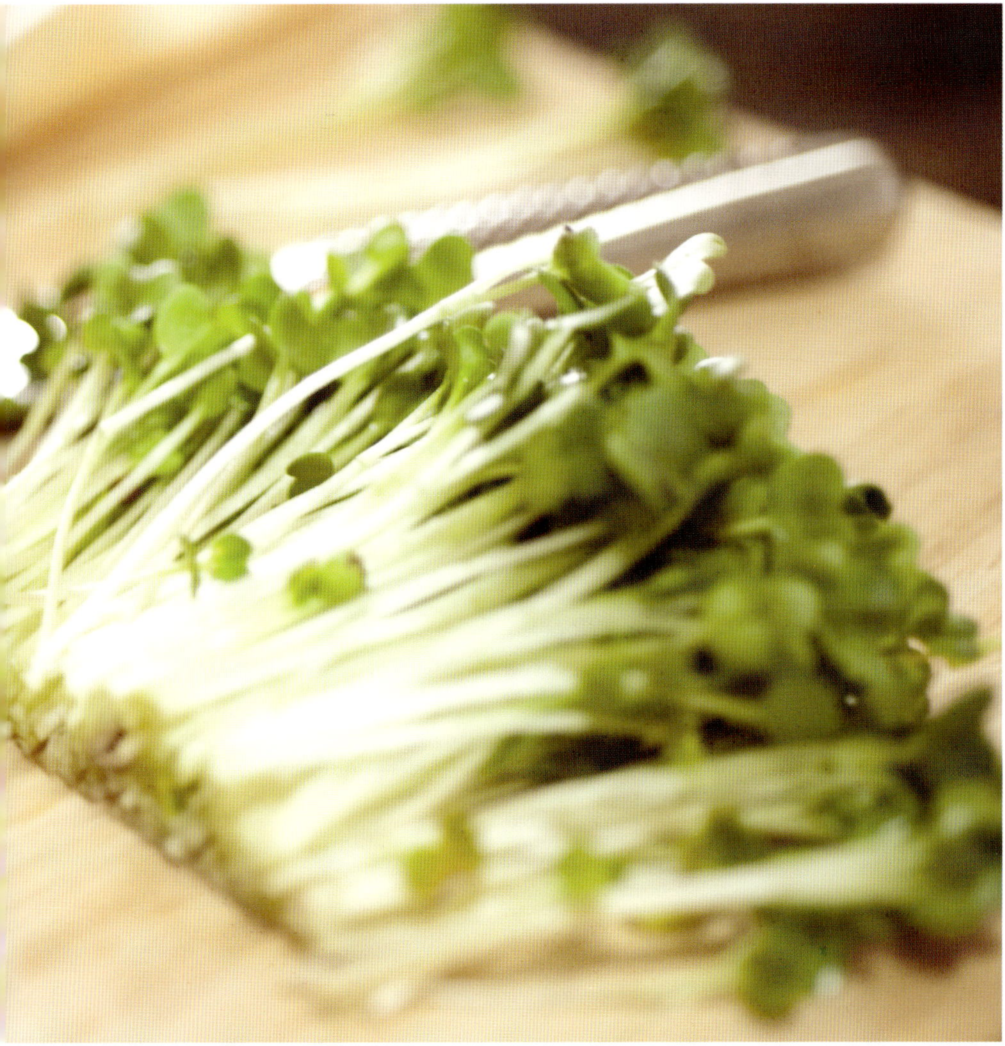

テンペのマサラ焼き オリエンタルな香りをサラダに仕立てて

私が生活していたマルセイユには、歴史的背景もあり、エスニック料理が多く存在します。
エスニックとは辞書で調べると「民族的な」という表現があります。
いまでこそ、日本料理や日本の食材は世界中で有名になりましたが、
ひと昔前までは日本料理もエスニックのカテゴリーで考えられていました。
ポピュラーなエスニック料理のひとつ「マサラ焼き」を、私なりに解釈して日本風にアレンジし、
甘酒と香辛料にテンペを漬け込んで焼いてみました。サラダに仕立ててサッパリと。

材料（4人分）

テンペ…240g
　（好みの大きさに切って揚げる）
揚げ油（菜種油）…適量

マリネ液
　玄米甘酒…90g
　カレー粉…適量
　パプリカパウダー…適量
　醤油…適量（約小さじ1/2〜1）
　米飴…10g（約小さじ1）
　生姜の搾り汁…適量
　ニンニクのすりおろし…適量

サラダ
　押し麦…120ml（2倍の水加減で炊く）
　水…240ml
　自然海塩…ひとつまみ

　アーモンド…80g
　　（ローストして1/4の大きさにカットする）
　レタス…100g（千切りにする）
　人参…140g（千切りにして、ゆでる）
　レーズン…80g（水で戻す）

　アラメ…8g
　椎茸と昆布のだし汁…100ml（1/2カップ）
　醤油…5ml（約小さじ1）

つけ合わせ
　ブロッコリー…160g（約20gの小房×8個）
　カリフラワー…160g（約20gの小房×8個）
　絹さや…8本
　ラディッシュ…2個（輪切りにする）
　スプラウト（好みのもの）…適量
　セルフィーユ…適量

作り方

1 好みの大きさに切ったテンペは、180℃の菜種油で揚げる。

2 マリネ液の材料はすべて混ぜ合わせ、*1*のテンペを漬け込み、6時間以上置いておく。

3 *2*で漬け込んだテンペはマリネ液を軽く取りのぞき、180℃のオーブンで焼き色がつくまで焼く（目安は10分）。

4 押し麦は分量の水と塩を加えて炊き（炊き方P13）、アーモンドはローストして1/4の大きさにカットする。レタスと人参は千切りにし、さらに人参はゆでる。アラメは椎茸と昆布のだし汁と醤油で炊く。

5 *4*がそれぞれ冷めたら、サラダの材料をすべて混ぜ合わせる。

6 つけ合わせのブロッコリー、カリフラワー、絹さやは、それぞれ沸騰したたっぷりの湯に塩少々（分量外）を加えて、歯ごたえの残る程度にゆでる。

7 深みのある器に*5*のサラダを置き、その上に*3*のテンペをのせて、つけ合わせの野菜を彩りよく盛りつける。

ベビーリーフのサラダ 塩昆布のアクセント
ポレンタと山芋の梅風味

クシマクロビオティックでは、
温帯地方に住む人にはジャガイモは常食とすることを避けるように、といわれています。
そのため、山芋を使ってジャガイモのようなポテトサラダを作りました。
また、サラダには塩昆布のアクセントを添えたり、ポレンタのカリカリ感を加えるなど、
一皿の中でいろいろな食感が楽しめるように表現しました。

材料(4人分)

ベビーリーフのサラダ
- ベビーリーフ…100g
- マッシュルーム…2個(薄切りにする)
- インゲン豆…4本
  (好みの固さにゆでて、食べやすい大きさに切る)
- ラディッシュ…2個(薄切りにする)
- オレンジ…1/2個(果肉を取り出し、一口大に切る)
- クルミ…8個(ローストして、粗いみじん切りにする)
- 塩昆布…2g

ポレンタ
- ポレンタの粉(トウモロコシ粉)…50ml(1/4カップ)
- 水…200ml(1カップ)
- 自然海塩…適量
- 焼き油(オリーブ油)…適量

山芋のポテトサラダ
- 山芋…300g
  (皮をむいて適当な大きさに切り、蒸し器で蒸す)
- 青ジソ…1枚(みじん切りにする)
- ミョウガ…1個(みじん切りにする)
- 白煎りごま…5g(切りごまにする)
- 梅干し…2個(種を取りのぞき、細かくたたく)
- 椎茸と昆布のだし汁…適量
- 醤油…適量

ドレッシング
- 白ごまペースト…30g
- 麦味噌…25g(約大さじ1と1/2)
- 梅酢…10ml(小さじ2)
- 玄米酢…5ml(小さじ1)
- 椎茸と昆布のだし汁…70ml(大さじ4と2/3)
- ごま油…10ml(小さじ2)

つけ合わせ
- セルフィーユ…適量
- ディル…適量

作り方

1 ベビーリーフのサラダの材料は塩昆布以外をそれぞれ下ごしらえして、よく冷やしておく。

2 ポレンタの粉、分量の水、塩は鍋に入れて、混ぜ合わせ、火にかける。沸騰してきたら、20分間絶えずかき混ぜながら炊き、流し型(なければバットなど)に流し入れて、冷ましておく。

3 2を食べやすい大きさに切りそろえ、オリーブ油を熱したフライパンで焼き色をつける。

4 皮をむいて蒸した山芋はマッシュし、残りの山芋のポテトサラダの材料を加え、椎茸と昆布のだし汁を入れて固さを調整する。

5 1に塩昆布を加えて、混ぜ合わせる。

6 ドレッシングの材料はすべて混ぜ合わせ、なめらかなピューレ状に仕上げる。

7 器にそれぞれを彩りよく盛りつけ、つけ合わせを飾り、混ぜ合わせておいた6のドレッシングを添える。

マクロビオティックではトウモロコシを穀物のひとつとして捉えています。粗挽きのトウモロコシ、栗(マクロビオティックでは栗も同様に穀物と捉えています)などの粉をうまく利用すると、サラダでも穀物の不足を補うことができます。

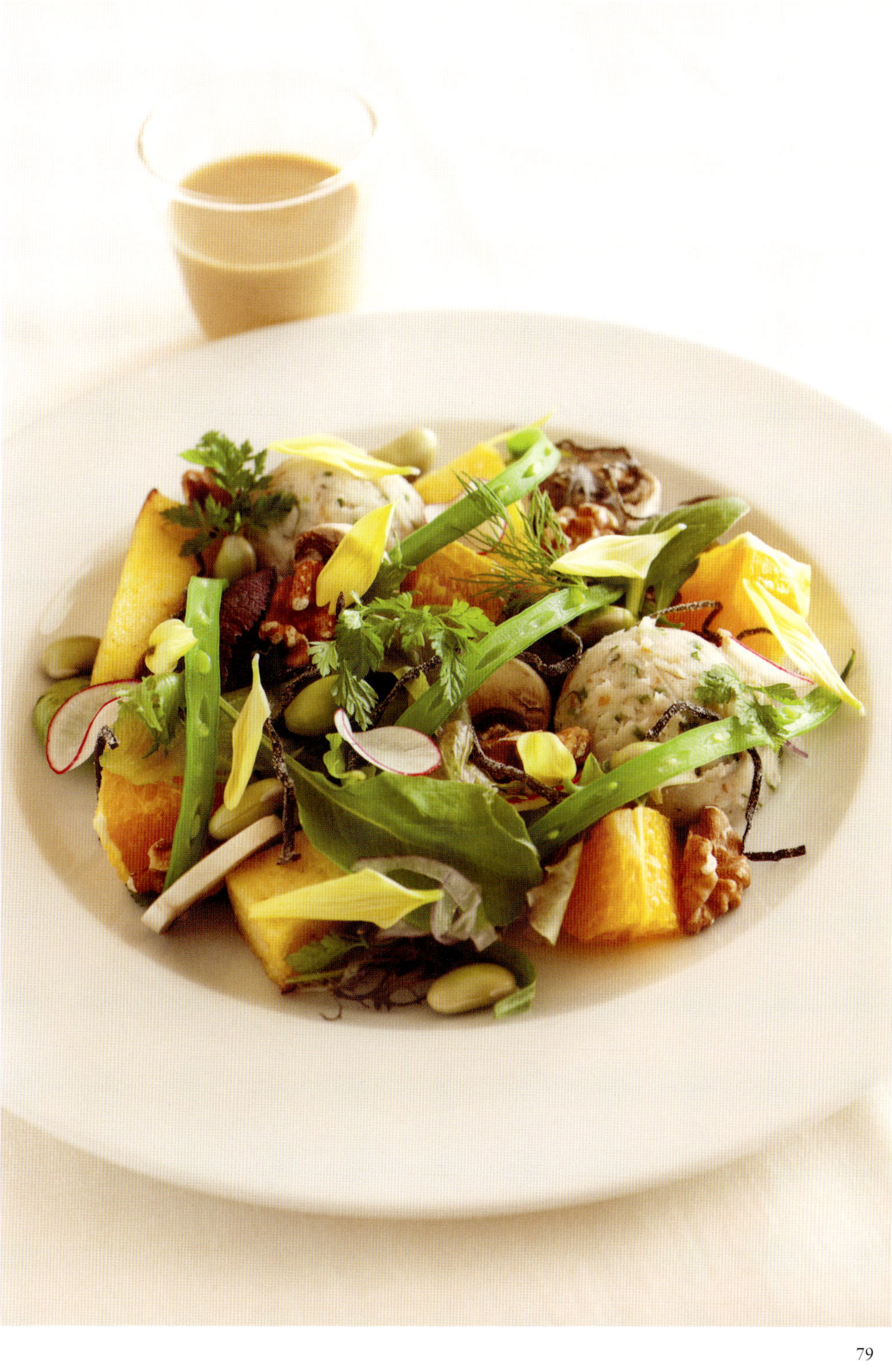

季節の野菜を活かしたサラダ感覚のテリーヌ
香草マスタードマヨネーズソースを添えて

パーティー料理の定番、テリーヌ。
旬の野菜を大きめにゴロゴロとテリーヌ型に好きなように詰めるだけで、
見た目もキレイなサラダ仕立てのヘルシーテリーヌが作れてしまいます。
大きめにカットして、普段とは違ったスタイルで旬の野菜を楽しんでみては！

材料(テリーヌ型1台分)

キャベツ…適量
山芋…適量(好みの大きさに切る)
カブ…適量(好みの大きさに切る)
白ねぎ…適量(好みの大きさに切る)
シメジ…適量(好みの大きさに切る)
ブロッコリー…適量(好みの大きさに切る)
サツマイモ(黄金千貫)…適量(好みの大きさに切る)
京人参…適量(好みの大きさに切る)
自然海塩…適量

豆腐マヨネーズ(作りやすい分量)
  木綿豆腐…250g(水きりをする)
  白味噌…7〜8g(約大さじ1/2)
  自然海塩…適量
  米飴…25〜30g(約小さじ2と1/2)
  玄米酢…20ml(小さじ4)
  レモンの搾り汁…20ml(小さじ4)
  菜種油…15ml(大さじ1、好みで調整)
  豆乳…適量(固さの調節用)

粒マスタード…適量
好みの香草(春菊、セリ、三つ葉、青ジソ、アサツキなど)
  …適量(みじん切りにする)

焼酎の原料となる黄金千貫は、果肉が白く、ねっとりとした食感で、甘みも強く、九州では古くから親しまれてきたサツマイモです。

photo - A

やわらかめにゆでたキャベツは、水気をよく拭き取って、ラップを敷いたテリーヌ型にすき間のないようにしっかりと敷き詰めるのがポイントです。

作り方

1. キャベツは1枚ずつきれいにはがし、塩少々を加えてやわらかめにゆでる。水気をよく拭き取り、ラップを敷いたテリーヌ型に、型から5cmくらいずつはみ出すように敷き詰める【photo - A】。

2. 野菜はそれぞれ好みの大きさに切り、塩少々を加えて好みの固さにゆでる。

3. 2の野菜がそれぞれ冷めたら、水気をよく拭き取り、1にきれいに重ねていく。重ねていく途中、軽く塩をふる。型から少しはみ出るくらいまで野菜を重ねたら、はみ出したキャベツの部分でフタをするように包み込む。

4. 3に重石をして、冷蔵庫で最低4〜5時間プレスする。

5. フードプロセッサーに豆腐マヨネーズ用の菜種油と豆乳以外の材料をすべて入れて、よく攪拌する。

6. 5がなめらかなピューレ状になったら、フードプロセッサーをまわしながら、好みで菜種油を加える。

7. 6に豆乳を加えて、固さの調節をする。

8. 7の豆腐マヨネーズに粒マスタードとみじん切りにした好みの香草を入れ、混ぜ合わせてソースを作る。

9. 4のテリーヌをスライスして器に盛りつけ、8のソースを添える。

＊ テリーヌにする野菜は、季節のものを好みに応じて用意しましょう。

81

季節野菜のサラダ
バーニャカウダ SHAスタイル

南フランス、スペイン、イタリアなどの地中海のカフェには必ず存在するメニューです。
スペインのマクロビオティックホテルSHAでも、なにかオリジナルのものをと思い、
SHAスタイルのバーニャカウダを作りました。
スペインはナッツとフルーツのヨーロッパ最大の産地。
その食材を活かした私のオリジナル"ナッツ味噌ソース"は、とくに好評を得たおすすめのソースです。

写真左から、飛騨伝統野菜のひとつのアキシマササゲ(紫色の縞模様は湯通しすると鮮やかな緑色に変化します。一般のインゲン豆に比べると、味、風味ともに濃厚)、熊本が産地のばってんナス(陰性であるアクが少なく、生食用に開発された甘みの強いナス)、タイ原産のピンポンナス(果肉が非常に引き締まっていて、一般のナスと比べてとても陽性なナス)。

材料(4人分)
季節の野菜10〜15種類(写真のものは姫人参、姫大根、インゲン、アキシマササゲ、絹さや、ばってんナス、ピンポンナス、黄パプリカ、ホワイトアスパラガス、ブロッコリー、キュウリ、ゴボウ、ベビーコーンなど)…適量
自然海塩…適量

ソース①:ナッツ味噌ソース
　松の実…20g(ローストして粗く刻む)
　クルミ…20g(ローストして粗く刻む)
　アーモンド…20g(ローストして粗く刻む)
　レーズン…50g(水で戻して粗く刻む)
　白ねぎ…85g(みじん切りにする)
　麦味噌…70g
　みりん…30ml(大さじ2)
　純米酒…5ml(小さじ1)
　玄米水飴…25g(約小さじ2と1/2)
　ごま油…適量

ソース②:マクロスクランブルエッグ
　玉ねぎ…64g(3㎜角に切る)
　トウモロコシ…125g(粒をすりおろしたもの、缶詰めのペーストのものでもOK)
　木綿豆腐…190g(軽く水をきる)
　ごま油…適量

ソース③:豆腐マヨネーズ(P80)…適量

つけ合わせ
　プチベール、マイクロトマト、防風、穂ジソ…各適量

作り方
1　季節の野菜はそれぞれ軽く塩をふり、蒸気の上がった蒸し器で蒸しておく。

2　ナッツ味噌ソースのごま油は鍋に入れてあたため、みじん切りにした白ねぎを入れて、甘みがでるまで炒める。

3　2に麦味噌、みりん、純米酒、玄米水飴と水で戻して粗く刻んだレーズンを入れて、一度沸騰させる。

4　3が冷めたら、それぞれローストして粗く刻んだ松の実、クルミ、アーモンドを入れて、混ぜ合わせる。

5　マクロスクランブルエッグ用の玉ねぎは3㎜角に切り、色づけないようにごま油で炒める。

6　5にすりおろしたトウモロコシ入れ、さらに軽く水きりをした木綿豆腐を手でちぎりつぶしながら加えて、炒める。

7　器に一口大にカットした1の野菜とつけ合わせを彩りよく盛りつけ、3種類のソースを添える。

Chapitre 6

Desserts　デザート

食事をしめくくる甘いデザートは、
精神的にゆとりを与え、人を幸せにしてくれます。
とくにマクロビオティックのデザートは、
こころにも、からだにもやさしく、
バランスのとれたエネルギーが感じられることでしょう。

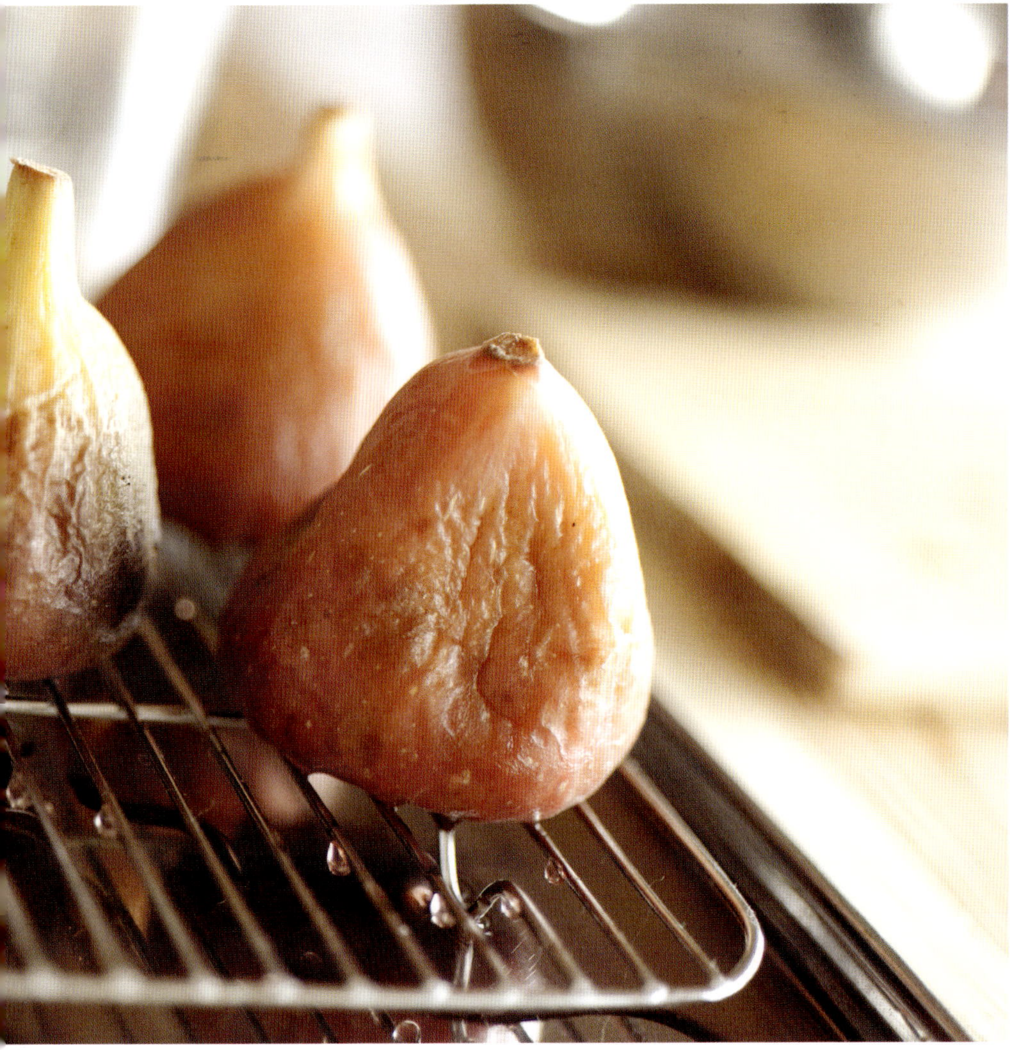

アールグレイとキャラメルリンゴのパウンドケーキ

リンゴをみんなが大好きなキャラメル状に仕立てて、
アールグレイの芳醇な香りとリンゴのやさしい香りをパウンドケーキに閉じ込めました。
アーモンドのスライスとカボチャの種が、たのしい食感を演出します。

材料（21×8×h6cmのパウンド型1台分）
リンゴ…1個（くし切りにする）
甜菜糖シロップ＊…100g

A
- 全粒薄力粉…30g
- 薄力粉…75g
- 強力粉…100g
- ベーキングパウダー…8g
- アールグレイ（紅茶の茶葉）…8g

B
- 豆乳…90g
- 菜種油…30g
- 木綿豆腐…45g（水切りをしておく）
- 甜菜糖シロップ＊…87g
- リンゴジュース…77g

アーモンドスライス…8g
カボチャの種…8g

作り方

1 鍋に甜菜糖シロップ100gを入れて中火にかけ、濃い焦げ色がついてきたら、くし切りにしたリンゴを入れて、からませる。

2 AとBの材料はそれぞれボウルに入れて、Aはふるいにかけ、つぎにAとBそれぞれを泡立て器でよく混ぜる。さらに、AにBを入れて、ゴムべらで練らないように切るようにしてよく混ぜ合わせ、*1*のリンゴも加えてしっかり混ぜる。

3 クッキングシートを敷いたパウンド型に*2*を入れて、アーモンドスライスとカボチャの種を散らし、180℃のオーブンで30〜35分焼く。

4 ケーキの中心に竹串を刺して、生地がついてこなければ、焼き上がり。

5 *4*を型ごと冷ます。

＊ リンゴは、有機栽培のものが手に入らなければ、皮はむくようにしましょう。

＊甜菜糖シロップ

材料（できあがりの量＝約150g）

甜菜糖…100g
水…50g

作り方

1 鍋に甜菜糖と分量の水を入れて中火にかけ、甜菜糖を煮溶かす。

2 ひと煮立ちしたら、火を止めて、冷ましておく。

＊ お菓子作りに万能なシロップです。冷蔵庫で保存すれば、1週間〜10日間ほどもちます。

グリオットチェリーのタルト
ミント風味のそぼろをアクセントに

フランス菓子といえば、まずはタルト。
旬のフルーツを使った、どの家庭にもあるフランス定番の味です。
本レシピでは、グリオットの酸味を活かしてコンポートにしたものを、
たっぷりとアーモンドクリームを流したタルト生地に敷き詰めました。
アクセントにはミント風味のそぼろを散らして焼き上げます。

材料（φ10cmのタルトリング2台分）

タルト生地
- A
  - 全粒薄力粉…20g
  - 強力粉…20g
  - 薄力粉…40g
  - 葛粉…5g

- B
  - 甜菜糖シロップ（P87）…25g
  - 菜種油…20g
  - 豆乳…20g
  - 自然海塩…ひとつまみ

グリオットコンポート
- グリオット…200g
- 甜菜糖シロップ（P87）…80g
- 水…80g
- リンゴジュース…40g
- レモン…1g（スライスする）
- バニラビーンズ…1/7本

そぼろ
- オートミール…23g
- アーモンド…25g（大きめにカットする）
- 薄力粉…60g
- 甜菜糖シロップ（P87）…25g
- 菜種油…20g
- ミントの葉…2g（みじん切りにする）

アーモンドクリーム
- C
  - アーモンドプードル…60g
  - 全粒薄力粉…17g
  - 全粒強力粉…17g
  - ベーキングパウダー…3g

- D
  - 豆乳…30g
  - 菜種油…25g
  - 甜菜糖シロップ（P87）…25g
  - グリオットコンポートのソース…35g
  - バニラビーンズ…1/6本
  - 自然海塩…ひとつまみ

ミントの葉…適量

グリオットはフランス産の小粒で酸味の強いサクランボです。日本では、アルコール漬けや冷凍などで市販されています。

作り方

1. タルト生地のAとBの材料はそれぞれボウルに入れて、Aはふるいにかけ、つぎにAとBそれぞれを泡立て器でよく混ぜる。さらに、AにBを入れて、さっくりと混ぜる。

2. 1を混ぜすぎないようにして2つに分けて丸め、ラップに包んで、冷蔵庫で1時間くらい生地を休ませる。

3. 2の休ませた生地をタルトリングよりも大きめに伸ばし、型にはめ入れて、フォークで穴をあける。

4. 3に重石をのせて、180℃のオーブンで生地を空焼きし（目安は約15分）、冷ましておく。

5. グリオットコンポートの材料はすべて鍋に入れて、一度沸騰したら火を止め、落とし蓋をしておく。冷めたら、冷蔵庫に入れて冷やす。

6 *5*の液体だけをふたたび鍋に入れて煮詰め、さらにグリオットも鍋に戻し入れて、ゆっくりと混ぜ、冷ます。

7 そぼろを作る。薄力粉はふるい、甜菜糖シロップと菜種油を加えて、さっくりと混ぜる。

8 *7*にオートミールと大きめにカットしたアーモンドを入れて、両手ですり合わせる。さらに、みじん切りにしたミントの葉を加えて、混ぜる。

9 アーモンドクリームのCとDの材料は、それぞれボウルに入れて、Cはふるい、Dは泡立て器でしっかり混ぜておく。つぎに、CにDを入れて、しっかりと混ぜる。

10 空焼きして冷ましておいた*4*のタルト生地に、*9*のアーモンドクリームを流し入れて、水気をきった*6*のグリオットのコンポートをのせ、アーモンドクリームにグリオットの実の3/4くらいまで沈ませる。グリオットのコンポートは飾りつけ用にも少し残しておく。

11 *10*に*8*のそぼろを散らし、180℃のオーブンで20〜30分焼く。

12 *11*が冷めたら、*10*で飾りつけ用に残しておいたグリオットのコンポートとミントの葉を飾る。

ピーナッツムースとぶどうのコンポート
アーモンドの薄焼きクッキーとともにグラスに盛りつけて

まるで生クリームを加えたような滑らかなピーナッツムース。
フライにしたカリカリのぶどうの皮が、
心地よい苦味を感じさせるアクセントになっています。

材料(5人分)

ピーナッツムース
(70mlのプリンカップ5個分)
- A
  - 豆乳…300g
  - 甜菜糖シロップ(P87)…20g
  - 葛粉…1.5g
  - 粉寒天…1g
  - 自然海塩…ひとつまみ
- B
  - ピーナッツペースト…20g
  - 米飴…20g

ぶどうコンポート
- ぶどう
  - (巨峰やピオーネなど大粒のもの)…24粒
- C
  - 水…150g
  - リンゴジュース…50g
  - 甜菜糖シロップ(P87)…100g
  - レモン…1/4個(スライスする)
  - 自然海塩…ひとつまみ
  - バニラビーンズ…1/6本

揚げ油(菜種油)…適量

アーモンドの薄焼きクッキー
(φ5cmのもの約20枚分)
- D
  - 全粒薄力粉…13g
  - 薄力粉…13g
  - アーモンドスライス…50g
- E
  - 米飴…30g
  - 甜菜糖…30g
  - 白ごまペースト…10g
  - 水…35g
  - 自然海塩…ひとつまみ

セルフィーユ…適量
ミントの葉…適量

作り方

1. ピーナッツムースのAの材料は鍋に入れ、よくかき混ぜて、中火にかける。

2. Bのピーナッツペーストと米飴は小さなボウルに入れて、1を少量加えて溶かす。なじませてから1の鍋に入れて、泡立て器で混ぜながら火にかけ、沸騰したら弱火にして1〜2分煮る。

3. 2をプリンカップ5個に等分ずつ流し入れて、冷蔵庫で冷やし固める。

4. ぶどうは切り込みを入れて、湯むきし、実は水に入れて冷まして皮をむく。

5. Cの材料をすべて鍋に入れ、火にかける。沸騰したら4のぶどうの実を入れ、落とし蓋をして、ふたたび沸騰したら火を止めて、粗熱をとり、冷ます。

photo - A
photo - B

ぶどうの皮はしっかりと水気をとり、低温の油で泡が出なくなるまでじっくりと揚げます。

6 *4*でむいたぶどうの皮は、150℃の菜種油でカラリと揚げる【photo - A, B】。

7 アーモンドの薄焼きクッキーのDとEの材料はそれぞれボウルに入れて、Dはふるいにかけ、つぎにDとEそれぞれを泡立て器でしっかり混ぜておく。さらに、DにEを入れて、ゴムべらでさっくりと混ぜる。

8 天板にオーブンシートを敷いて、*7*を直径5cmくらいの大きさに指先を使って丸く伸ばす。

9 *8*を170℃のオーブンで全体に焼き色がつくまで10〜15分くらい焼く。

10 グラスの中央に*3*のピーナッツムースを入れて、そのまわりに半分に切って種を取った*5*のぶどうのコンポートを並べ、さらにコンポートの煮汁を少し入れる。ムースの上にセルフィーユと*6*のぶどうの皮をのせて、*9*のクッキーでフタをし、丸のままのぶどうのコンポートをのせて、ミントの葉を飾る。

イチジクのコンポートに白ごま豆乳クリームを詰めて チョコクッキーとともに

斬新なアイデアにチャレンジした一皿です。
イチジクとチョコレート、白ごまとチョコレートの相性のよさから発想した、
イチジクと白ごまの組み合わせ。カカオ風味をつなぎに新しい味の表現を試みました。

材料(4人分)

イチジクコンポートとイチジクゼリー
　イチジク…4個

　A
　　水…300g
　　リンゴジュース…100g
　　甜菜糖シロップ(P87)…200g
　　レモン…1/2個(スライスする)
　　自然海塩…ひとつまみ
　　バニラビーンズ…1/5本

　粉寒天…3g

白ごま豆乳クリーム
　B
　　豆乳…200g
　　甜菜糖シロップ(P87)…50g
　　白ごまペースト…14g
　　葛粉…6g
　　粉寒天…2g
　　自然海塩…ひとつまみ

　バニラエッセンス…1g

チョコクッキー(2×17cmのもの約4枚)
　C
　　中力粉…22g
　　全粒薄力粉…14g
　　葛粉…2g
　　ココアパウダー…2g

　菜種油…11g

　D
　　リンゴジュース…5g
　　甜菜糖シロップ(P87)…5g
　　自然海塩…ひとつまみ

ミントの葉…適量

作り方

1. Aの材料をすべて鍋に入れて、強火にかけ、沸騰したら火を弱めてイチジクを入れる。落とし蓋をして、沸騰したら火を止めて、粗熱をとり、冷ます。

2. 1のイチジクを鍋から取り出して、水分をきっておく。

3. 1の煮汁は漉して、鍋に入れ、粉寒天を加えて溶かす。火にかけて、沸騰したら弱火にし、1分くらい泡立て器で混ぜてからバットに流し入れ、冷蔵庫で冷やす。

4. 白ごま豆乳クリームのBの材料をすべて鍋に入れ、火にかけて、泡立て器で混ぜる。沸騰したら弱火にして、3分くらい混ぜ続けてからバットに流し入れ、冷蔵庫で冷ます。

5. 4が完全に冷めたら、バニラエッセンスとともにフードプロセッサーに入れて、なめらかなペーストにし、ボウルに入れて、冷蔵庫で冷ます。

6. 2のイチジクのおしりから5の白ごま豆乳クリームを絞り器で20〜25gずつ詰め入れる [photo-A]。

7. チョコクッキーのCとDの材料は、それぞれボウルに入れて、Cはふるいにかけ、さらにCとDそれぞれを泡立て器で混ぜておく。

8. Cに菜種油を少しずつ加えて、手のひらですり合わせ、ポロポロとしてきたらDを入れる。ひとまとめにし、ラップに包んで、冷蔵庫で1時間くらい生地を休ませる。

9. 8の休ませた生地を1.5mmくらいの厚さに伸ばして、2×17cmの長方形4枚にカットする。

10. 天板にオーブンシートを敷いて、9を置き、170℃のオーブンで全体に焼き色がつくまで10〜15分くらい焼く。

11. 角切りにした3のイチジクゼリーを器に盛りつけ、6のイチジクを置き、ミントの葉を飾る。10のクッキーに5の白ごま豆乳クリームとミントの葉を飾り、添える。

photo - A

カボチャとココナッツミルクのスープ
キャラメルコーンと豆腐白玉を浮かべて

カボチャのやさしい甘みとココナッツミルクの
オリエンタルな香りを組み合わせて冷たいスープ仕立てに。
暑い夏の日には、よく冷やしてお召し上がりください。
キャラメルをからめたポップコーンが、楽しい食感を演出してくれます。

材料(4人分)

カボチャとココナッツミルクのスープ
- カボチャ…135g
- ココナッツミルク…270g
- 甜菜糖シロップ(P87)…適量(必要であれば好みで)

ポップコーンのキャラメリゼ
- ポップコーン用のコーン…30g
- 甜菜糖…40g
- メープルシロップ…16g

豆腐白玉(できあがりの量=約12個分)
- 絹豆腐…33g
- 白玉粉…40g
- 水…5〜10g

- カボチャの種…適量
- セルフィーユ…適量
- ミントの葉…適量

作り方

1. カボチャは皮をむいて一口大に切り、やわらかくなるまで蒸気の上がった蒸し器で蒸す。

2. 1のカボチャとココナッツミルクをフードプロセッサーに入れて混ぜ、必要であれば好みで甜菜糖シロップを入れて味をととのえ、冷蔵庫で冷やす。

3. ポップコーン用のコーンは鍋に入れて中火にかけ、フタをしてポップコーンを作り、ボウルに入れる。

4. 別の鍋に甜菜糖とメープルシロップを入れて、沸騰させる。

5. 4の水分がとんでキャラメル状になったら、3のポップコーンを入れて火を止め、混ぜ合わせる。白く結晶してきたら、バットにあげて冷ます。

6. 豆腐白玉の白玉粉は、絹豆腐を入れて、なじませる。このとき、絹豆腐は水をきらなくてよい。

7. 6に分量の水を少しずつ加え、耳たぶくらいのやわらかさにして、12個分に丸める。

8. 湯を沸騰させて7を入れ、ふたたび沸騰したら少し火を弱め、1分くらいゆでる。

9. ゆであがった8は水にさらし、冷やす。

10. 2のカボチャとココナッツミルクのスープに冷した9の豆腐白玉と5のポップコーンのキャラメリゼをのせて、カボチャの種、セルフィーユ、ミントの葉を散らす。

95

Remerciements

KIJ（クシ インスティテュート オブ ジャパン）
http://www.kijapan.jp/

マクロビオティック マルシェ
http://www.macrobiotic-marche.jp/

クシマクロビオティック アカデミィ
http://www.macrobiotic-academy.jp/

九州産直クラブ
http://sancyoku-club.com/

特定非営利活動法人食育推進ネットワーク福岡
http://www.shokuiku-fukuoka.jp/

無農薬米専科 百姓アグリ
http://agri-1.com/

越前有機蔵 マルカワみそ株式会社
http://www.marukawamiso.com/

Au sujet de nous

DOUCEMENT　ドゥースマン

マクロビオティックは地球環境保護と健康な生活を優先し、人類と地球が共栄共存できる持続可能なライフスタイルです。DOUCEMENT は、とくに忙しい現代社会を生きる方々に、少しでも家族や友人と向き合えるような、食卓からはじめる豊かな生活や時間をお手伝いできればという思いを抱き、誕生しました。

・マクロビオティック出張料理教室
・マクロビオティック出張スイーツ教室
・出張講師
・商品開発
・ケータリング
・マクロビオティックホテル＆レストランフードコーディネート
・L'atelier y（ラトリエイグレック）
　　マクロビオティックスイーツの製造
　　（インターネット販売および卸売業、イベント出店など）

http://www.doucement.rexw.jp/

Épilogue

　幾多もの皿——味覚、香り、色彩、四季折々に自然界がもたらしてくれる食材の数々、そして、そのときどきの大気の波動、空気を感じ、日々の生活に感謝することが、料理をする人にとってもっともたいせつなことです。わたしたちが日々口にする食材は、自然界が生み出す最高の産物であり、人間の創造をはるかに超えたすばらしいものです。その素材に触れ、食べ手のことを考え、皿の上にどう表現しようかと思いを馳せるとき、はじめて料理が形となります。

　できあがる皿の数々は、作り手そのものであり、日々の生き方、考え方がすべて波動として皿の上に表現されます。

　土、水、風、太陽と月の恵みを受けた自然界がもたらす小さな食材という宇宙のエネルギーに触れ、自分も自然界の中の一員であることを自覚し、生かされているということに感謝し、そこから料理を発想するというプロセスを見失わないかぎり、できあがる皿は光を放ち、無限の可能性を秘めたものになります。

　世界には芸術と呼ばれる絵画、音

楽、写真など数多くのものが存在します。ですが、マクロビオティックの基本理念や料理は、それらの芸術をつくりあげるうえでもっとも重要な、人間が本来もっている精神性、波動、心の在り方、生き方を生み出すすべての芸術の根幹であります。

本書は、人生のパートナーである妻の友美の協力と、わたしたちを陰からいつも支えてくれる方々の情熱があってはじめて完成したものです。

料理に命を与えてくださった写真家の沼尻淳子さんに、本書を企画し、粉骨砕身して出版まで導いてくれた学陽書房の根津佳奈子さんに、本づくりにかかわってくださったすべての皆様に、心から感謝を申し上げます。

本書を通して、一人でも多くの読者の方々が自然を敬愛し、感謝して、すべてに愛情をもってマクロビオティックの生き方、料理という芸術に触れてくださることをせつに願います。

わたしたちのこの本が、いつまでも長く残りますように。

2010年3月

DOUCEMENT代表　柿木太郎

柿木太郎
KIJ認定マクロビオティックフードコーディネーター

1973年福岡県生まれ。フランス料理の料理人としてスタートし、神戸ポートピアホテル、ザ・リッツカールトン大阪などを経て渡仏。数件のミシュラン星付きレストランで部門シェフを務める。その後、自身の体調を崩したことをきっかけにマクロビオティックに興味をもち、山梨県アルソア本社のオーガニックレストランに勤務。同時にKIJにて宿泊者のためのマクロビオティック食をシェフとして提供。2008年、久司道夫氏プロデュースによるスペイン・アリカンテの世界初マクロビオティックホテル「SHA WELLNESS CLINIC」の総料理長として、ホテルのオープンに携わる。帰国後、マクロビオティックの啓蒙活動のためDOUCEMENTを立ち上げ、料理指導をはじめ多方面に活動中。

柿木友美
マクロビオティックパティシエ

1979年佐賀県生まれ。実業団のバスケットボール部（1部リーグ）所属、アパレルメーカー勤務を経て、その後、調理師免許を取得。数軒のレストランなどにおいてシェフパティシエを務めている間、夫の体の不調をきっかけにマクロビオティックに興味をもち、その後、山梨県アルソア本社の八ヶ岳ナチュレパティスリーにてマクロビオティックスイーツの商品開発に携わる。2008年、新たな活動の場を求め、夫とともにスペインのマクロビオティックホテル「SHA WELLNESS CLINIC」にてシェフパティシエとしてホテルのオープンに携わる。帰国後、マクロビオティックの啓蒙活動のためDOUCEMENTを立ち上げ、現在はL'atelier yのシェフパティシエとして活動中。

マクロビオティックで楽しむ野菜フレンチ

2010年5月12日　初版印刷
2010年5月20日　初版発行

著者　柿木太郎（かきのきたろう）
　　　柿木友美（かきのきゆみ）

デザイン　原圭吾（SCHOOL）
撮影　沼尻淳子

発行者　佐久間重嘉
発行所　株式会社 学陽書房
　　　　東京都千代田区飯田橋1-9-3　〒102-0072
　　　　営業部　TEL 03-3261-1111　FAX 03-5211-3300
　　　　編集部　TEL 03-3261-1112　FAX 03-5211-3301
　　　　振　替　00170-4-84240
印刷　文唱堂印刷
製本　東京美術紙工

© Taro Kakinoki, Yumi Kakinoki 2010, Printed in Japan
ISBN978-4-313-87133-5　C2077

乱丁・落丁本は、送料小社負担にてお取り替えいたします。
定価はカバーに表示してあります。